গোলকধাঁধার বাহার!

বাংলা - Bengali

ডেভিড ই. ম্যাকঅ্যাডামস

কপিরাইট ২০২৫ ডেভিড ই. ম্যাকঅ্যাডামস। সর্বস্বত্ব সংরক্ষিত। এই বইয়ের কোনো অংশ কপিরাইট ধারকের স্পষ্ট লিখিত অনুমতি ছাড়া কোনো উপায়ে নকল, সংরক্ষণ বা প্রেরণ করা যাবে না।

ডেভিড ই. ম্যাকঅ্যাডামস-এর অন্যান্য বইসমূহ

রঙ:

তোতাপাখি রঙ, ফুলের রঙ, মহাকাশের রঙ, রাজকীয় রঙ – সুন্দর থিমভিত্তিক চিত্রের মাধ্যমে রঙের ধারণা শেখায়। বয়স: ০–৬ বছর।

সংখ্যা শেখা:

ড্রাগন নাম্বার বুক, আন্নার ঋতুসমূহ – থিমভিত্তিক ছবির মাধ্যমে ০ থেকে ১০ পর্যন্ত সংখ্যা শেখার মজাদার উপায়। বয়স: ২–৭ বছর।

সংখ্যা – সংখ্যার ধারণা শেখাতে উপযোগী একটি প্রারম্ভিক বই। বয়স: ৫–৭ বছর।

খেলনার টাকার মাধ্যমে শেখার কার্যক্রম কিট – খেলনার টাকার মাধ্যমে গণনা ও বড় সংখ্যা শেখার হাতে-কলমে কিট, যেখানে আছে $2,000,000-এর বেশি। বয়স: ৮–১২ বছর।

জ্যামিতি:

আকৃতি, আকৃতি দুই, ত্রিমাত্রিক আকৃতি (৩-ডি আকৃতি) – জ্যামিতিক আকৃতির একটি খেলাচ্ছলে পরিচিতি। বয়স: ৩–৮ বছর।

তত্ত্ব ও রেফারেন্স:

যা-কিছু থেকেও বড় কী? (অসীম) – অসীমের ধারণা নিয়ে কৌতূহলী শিশুদের জন্য মুগ্ধকর বই। বয়স: ৬–৮ বছর।

দোলনার সেট (সেট তত্ত্ব) – সেট তত্ত্বের উপর একটি ব্যাপক পরিচিতি, বয়স: ৭–১০ বছর।

জীবনের পাঠ:

যদি আমার একটা দানব থাকত – যেখানে দানবরা শিশুদের জীবনের গুরুত্বপূর্ণ মানুষদের প্রতিনিধিত্ব করে, সব বয়সের জন্য উপযোগী।

গোলকধাঁধার বাহার! – সহজ থেকে কঠিন পর্যন্ত অসংখ্য ম্যাজের এক বিশাল সংগ্রহ।

আমার প্রিয় ফ্র্যাক্টালগুলি (ভলিউম ১, ভলিউম ২) – উচ্চ রেজলিউশনের ফ্র্যাক্টালের ভিজ্যুয়াল ভোজ, সব বয়সের জন্য উপযোগী।

গণিত অনুরাগীদের জন্য:

π-এর প্রথম এক মিলিয়ন অঙ্ক, **e**-এর প্রথম এক মিলিয়ন অঙ্ক, ২-এর বর্গমূলের প্রথম এক মিলিয়ন অঙ্ক, প্রথম এক লক্ষ মৌলিক সংখ্যা – গুরুত্বপূর্ণ গাণিতিক ধ্রুবকসমূহের একটি কার্যকর রেফারেন্স, সব বয়সের জন্য উপযুক্ত।

সর্বশেষ বইয়ের তালিকার জন্য দেখুন: https://www.DEMcAdams.com

সূচিপত্র

৯×১২ সহজ বর্গ আকৃতির গোলকধাঁধা....................4
১২×১৫ সহজ বর্গ আকৃতির গোলকধাঁধা....................9
১২×১৫ মাঝারি বর্গ আকৃতির গোলকধাঁধা....................14
২০×২৪ মাঝারি বর্গ আকৃতির গোলকধাঁধা....................19
২০×২৪ কঠিন বর্গ আকৃতির গোলকধাঁধা....................24
৩০×৩৭ কঠিন বর্গ আকৃতির গোলকধাঁধা....................29
৯×১২ সহজ ত্রিভুজ আকৃতির গোলকধাঁধা....................34
১২×১৫ সহজ ত্রিভুজ আকৃতির গোলকধাঁধা....................39
১২×১৫ মাঝারি ত্রিভুজ আকৃতির গোলকধাঁধা....................44
২০×২৪ মাঝারি ত্রিভুজ আকৃতির গোলকধাঁধা....................49
২০×২৪ কঠিন ত্রিভুজ আকৃতির গোলকধাঁধা....................54
৩০×৩৭ কঠিন ত্রিভুজ আকৃতির গোলকধাঁধা....................59
১২×১৯ সহজ ষড়ভুজ আকৃতির গোলকধাঁধা....................64
১৫×২৩ সহজ ষড়ভুজ আকৃতির গোলকধাঁধা....................69
১৫×২৩ মাঝারি ষড়ভুজ আকৃতির গোলকধাঁধা....................74
২৪×৩৯ মাঝারি ষড়ভুজ আকৃতির গোলকধাঁধা....................79
২৪×৩৯ কঠিন ষড়ভুজ আকৃতির গোলকধাঁধা....................84
৩৭×৫৯ কঠিন ষড়ভুজ আকৃতির গোলকধাঁধা....................89
৯×১২ সহজ হীরা আকৃতির গোলকধাঁধা....................94
১২×১৫ সহজ হীরা আকৃতির গোলকধাঁধা....................99
১২×১৫ মাঝারি হীরা আকৃতির গোলকধাঁধা....................104
২০×২৪ মাঝারি হীরা আকৃতির গোলকধাঁধা....................109
২০×২৪ কঠিন হীরা আকৃতির গোলকধাঁধা....................114
৩০×৩৭ কঠিন হীরা আকৃতির গোলকধাঁধা....................119
৯×১২ সহজ স্নাব স্কোয়ার আকৃতির গোলকধাঁধা....................124
১২×১৫ সহজ স্নাব স্কোয়ার আকৃতির গোলকধাঁধা....................129
১২×১৫ মাঝারি স্নাব স্কোয়ার আকৃতির গোলকধাঁধা....................134
২০×২৪ মাঝারি স্নাব স্কোয়ার আকৃতির গোলকধাঁধা....................139
২০×২৪ কঠিন স্নাব স্কোয়ার আকৃতির গোলকধাঁধা....................144
৩০×৩৭ কঠিন স্নাব স্কোয়ার আকৃতির গোলকধাঁধা....................149
৯×১২ সহজ স্নাব স্কোয়ার ২ আকৃতির গোলকধাঁধা....................154
৯×১২ সহজ কায়রো আকৃতির গোলকধাঁধা....................159
১২×১৫ সহজ কায়রো আকৃতির গোলকধাঁধা....................164
১৩×১৬ সহজ কায়রো আকৃতির গোলকধাঁধা....................169
1১৩×১৫ মাঝারি কায়রো আকৃতির গোলকধাঁধা....................174
২০×২৪ মাঝারি কায়রো আকৃতির গোলকধাঁধা....................179
২০×২৪ কঠিন কায়রো আকৃতির গোলকধাঁধা....................184
৩০×৩৭ কঠিন কায়রো আকৃতির গোলকধাঁধা....................189
২০×২০ কঠিন বৃত্তাকার গোলকধাঁধা....................194

২৫×২৫ কঠিন বৃত্তাকার গোলকধাঁধা	199
৩০×৩০ কঠিন বৃত্তাকার গোলকধাঁধা	204
৩৫×৩৫ কঠিন বৃত্তাকার গোলকধাঁধা	209
৯×১২ সহজ বর্গ-ত্রিভুজ আকৃতির গোলকধাঁধা	215
১২×১৫ সহজ বর্গ-ত্রিভুজ আকৃতির গোলকধাঁধা	220
১২×১৫ মাঝারি বর্গ-ত্রিভুজ আকৃতির গোলকধাঁধা	225
২০×২৪ মাঝারি বর্গ-ত্রিভুজ আকৃতির গোলকধাঁধা	230
২০×২৪ কঠিন বর্গ-ত্রিভুজ আকৃতির গোলকধাঁধা	235
৩০×৩৭ কঠিন বর্গ-ত্রিভুজ আকৃতির গোলকধাঁধা	240
সমাধানসমূহ	245

কীভাবে একটি গোলকধাঁধা সমাধান করবেন: একটি ব্যবহারিক গাইড

গোলকধাঁধা হলো এমন একটি ধাঁধা, যা পথ ও অন্ধগলিতে তৈরি। আপনি কাগজে কাজ করুন, ঝোপঝাড়ে তৈরি গোলকধাঁধায় হাঁটুন, কিংবা কোনো ডিজিটাল ল্যাবিরিন্থে সমাধান করুন—লক্ষ্য একটাই: প্রবেশদ্বার থেকে বেরিয়ে যাওয়ার পথ খুঁজে বের করা। নিচে কিছু কার্যকর কৌশল দেওয়া হলো:

১। দেওয়াল অনুসরণ কৌশল (ডান-হাত বা বাম-হাত নিয়ম)

কীভাবে কাজ করে:

- প্রবেশপথে একটি হাত (ডান বা বাম) দেওয়ালে রাখুন।
- হাঁটার সময় সেই হাতটিকে সবসময় দেওয়ালে স্পর্শ করে রাখুন।
- দেওয়ালের মোড় অনুসরণ করে এগিয়ে যান।

কখন ব্যবহার করবেন:

- সহজভাবে যুক্ত (simply connected) গোলকধাঁধায় কার্যকর (যেখানে আলাদা অংশ নেই)।
- আলাদা দেয়াল বা দ্বীপবিশিষ্ট ম্যাজে কাজ নাও করতে পারে। **সুবিধা:** সহজ, মনে রাখার দরকার নেই, মানচিত্রের দরকার নেই।
- **অসুবিধা:** যদি সঠিক পথ বাইরের দেওয়াল থেকে অনেক দূরে থাকে, সময় বেশি লাগতে পারে।

২। আগে তাকিয়ে পরিকল্পনা করুন কীভাবে কাজ করে:

- হাঁটার আগে সামনে তাকিয়ে অন্ধগলি বা সংক্ষিপ্ত পথ চিহ্নিত করুন।
- চোখের ইঙ্গিতে বুঝুন কোন পথে ফেরা লাগবে আর কোনটা এগিয়ে নিয়ে যাবে। **কখন ব্যবহার করবেন:**
- কাগজের ম্যাজে বা পরিষ্কার দৃশ্যমান ম্যাজে ভালো কাজ করে। **সুবিধা:** পেছনে ফেরা এড়ানো যায়, গতি বাড়ে।

অসুবিধা: সতর্ক পর্যবেক্ষণ প্রয়োজন; মাঝে মাঝে চেষ্টা-ভুল করতে হয়।

৩। বেরোনোর দিক থেকে শুরু করুন

কীভাবে কাজ করে:

- বেরোনোর দিক থেকে শুরু করে পথ উল্টো দিক থেকে অনুসরণ করুন।
- এতে সঠিক পথ খুঁজে বের করা সহজ হতে পারে।

কখন ব্যবহার করবেন:

- যখন পুরো ম্যাজ চোখের সামনে দেখা যায়। **সুবিধা:** অনেক সময় বেরোনোর দিক সহজ হয়, অপশন কম থাকে।

অসুবিধা: বাস্তব ম্যাজে সবসময় এই পদ্ধতি প্রযোজ্য বা অনুমোদিত নয়।

৪। হালকা পেন্সিল ব্যবহার করুন (কাগজের ম্যাজে)

কীভাবে কাজ করে:

- হালকা পেন্সিলচিহ্ন দিয়ে পথ আঁকুন, যাতে ভুল হলে মুছে ফেলা যায়।
- অন্ধগলিতে চিহ্ন দিন যেন আবার সেখানে না যান।

কখন ব্যবহার করবেন:
- মুদ্রিত বা আঁকা ম্যাজের জন্য উপযুক্ত। **সুবিধা:** কোন পথগুলো ঘুরে দেখেছেন তা মনে রাখতে সাহায্য করে।

অসুবিধা: ধৈর্য ও মনোযোগ প্রয়োজন।

৫। চিহ্ন রেখে যান (বাস্তব ম্যাজে)

কীভাবে কাজ করে:
- রাস্তার সংযোগস্থলে মুদ্রা বা ছোট পাথরের মতো কিছু রেখে যান।
- কোন কোন পথ ঘুরে দেখেছেন তা চিহ্নিত করুন যেন বারবার একই পথে না যান।

কখন ব্যবহার করবেন:
- কর্ন ম্যাজ বা এস্কেপ রুমের মতো বাস্তব অভিজ্ঞতায়।

সুবিধা: একই জায়গায় বারবার যাওয়া এড়ানো যায়।

অসুবিধা: সব জায়গায় অনুমতি নেই বা সম্ভব নয়।

৬। অন্ধগলি পূরণ কৌশল (অ্যালগরিদমিক পদ্ধতি)

কীভাবে কাজ করে:
- সব অন্ধগলি চিহ্নিত ও চিহ্ন দিয়ে আলাদা করুন।
- পিছন থেকে কাজ করে অকার্যকর পথগুলো বাদ দিন।

কখন ব্যবহার করবেন:
- কাগজ বা ডিজিটাল ম্যাজে, যেখানে পুরো গঠন দেখা যায়।

সুবিধা: সঠিক পথ নিশ্চিতভাবে চিহ্নিত হয়।

অসুবিধা: বড় ম্যাজে সময় বেশি লাগে।

৭। মানচিত্র আঁকুন (জটিল ম্যাজের জন্য) কীভাবে কাজ করে:
- আপনি যে পথগুলো ঘুরেছেন তার একটি মানচিত্র আঁকুন।
- শাখা, লুপ ও সংযোগস্থল চিহ্নিত করুন।

কখন ব্যবহার করবেন:
- যখন ম্যাজে অনেক লুপ থাকে বা দীর্ঘ সময়ে সমাধান করতে হয়।

সুবিধা: রেকর্ড তৈরি হয়; অত্যন্ত কার্যকর।

অসুবিধা: সময় ও শ্রম প্রয়োজন।

অতিরিক্ত টিপস

- **শান্ত থাকুন:** হারিয়ে যাওয়া অভিজ্ঞতারই অংশ।
- **নির্দিষ্ট বৈশিষ্ট্য খুঁজুন:** বাস্তব ম্যাজে আলাদা জিনিস চোখে রাখুন।
- **আপনার পছন্দ স্মরণ রাখুন:** ডান/বাম মোড় মনে রাখুন।

- **লক্ষ্য জানুন:** লক্ষ্য কী? কেন্দ্র? বাইরে যাওয়া? নাকি লুকানো কোনো জিনিস?

৯×১২ সহজ বর্গ আকৃতির গোলকধাঁধা

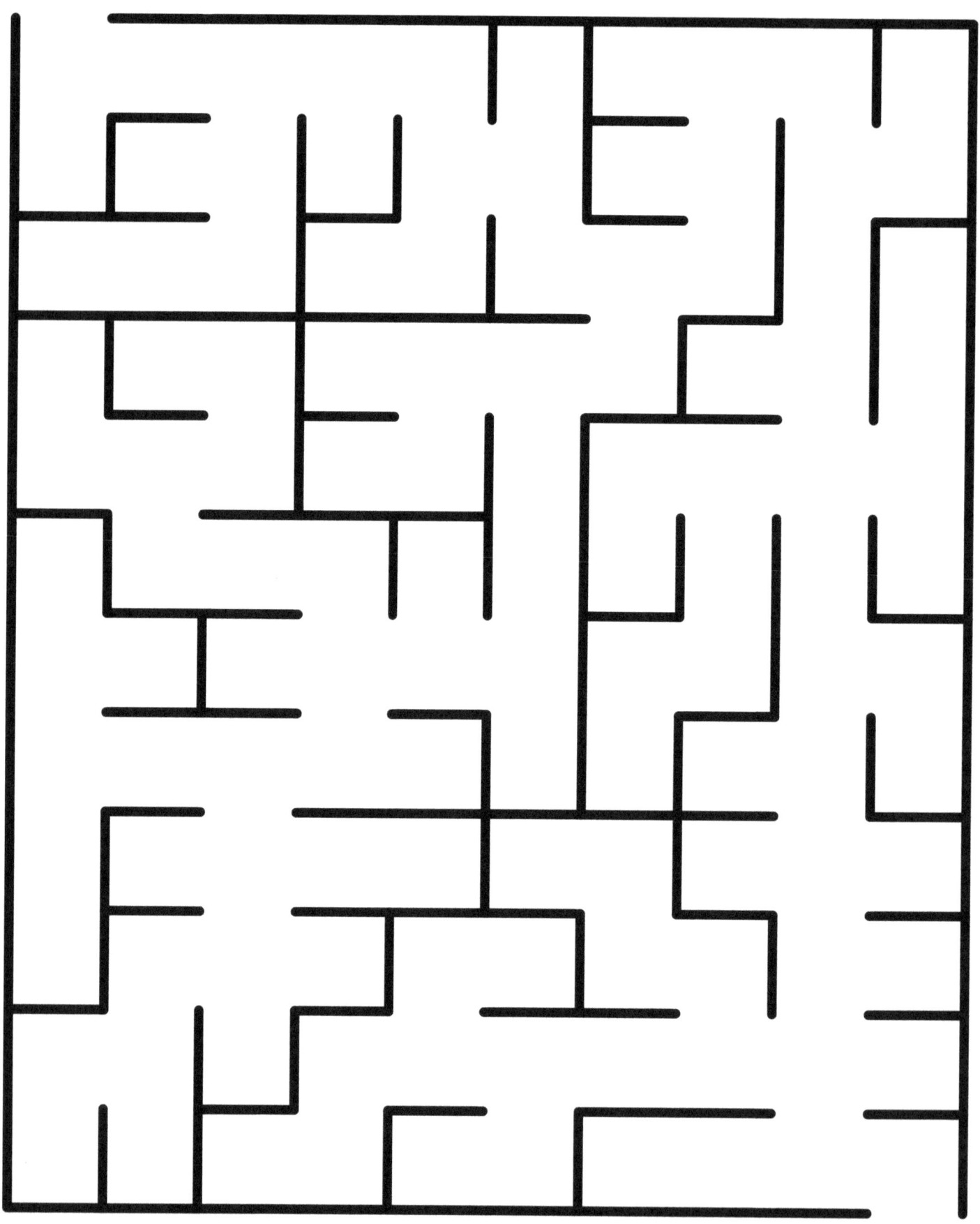

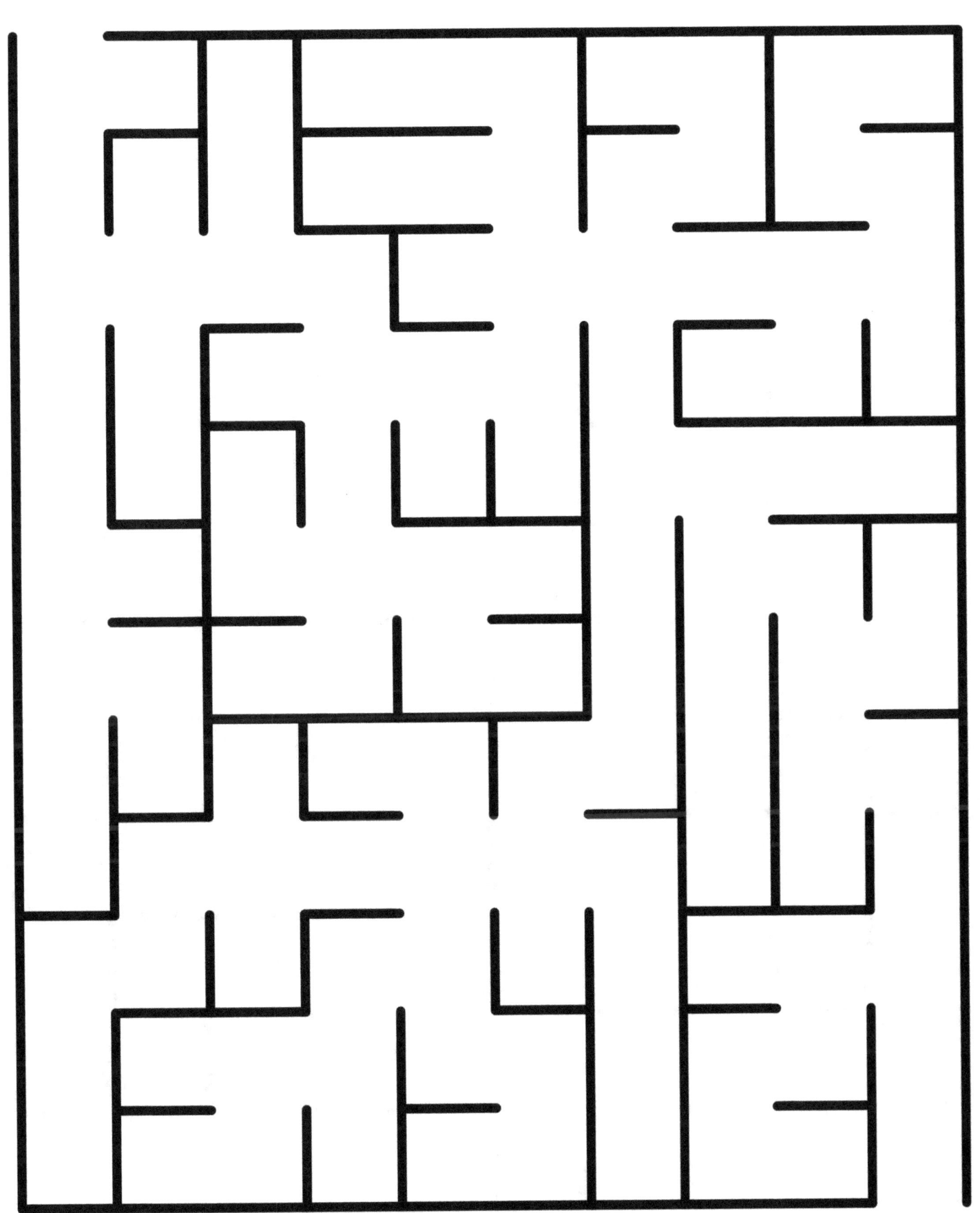

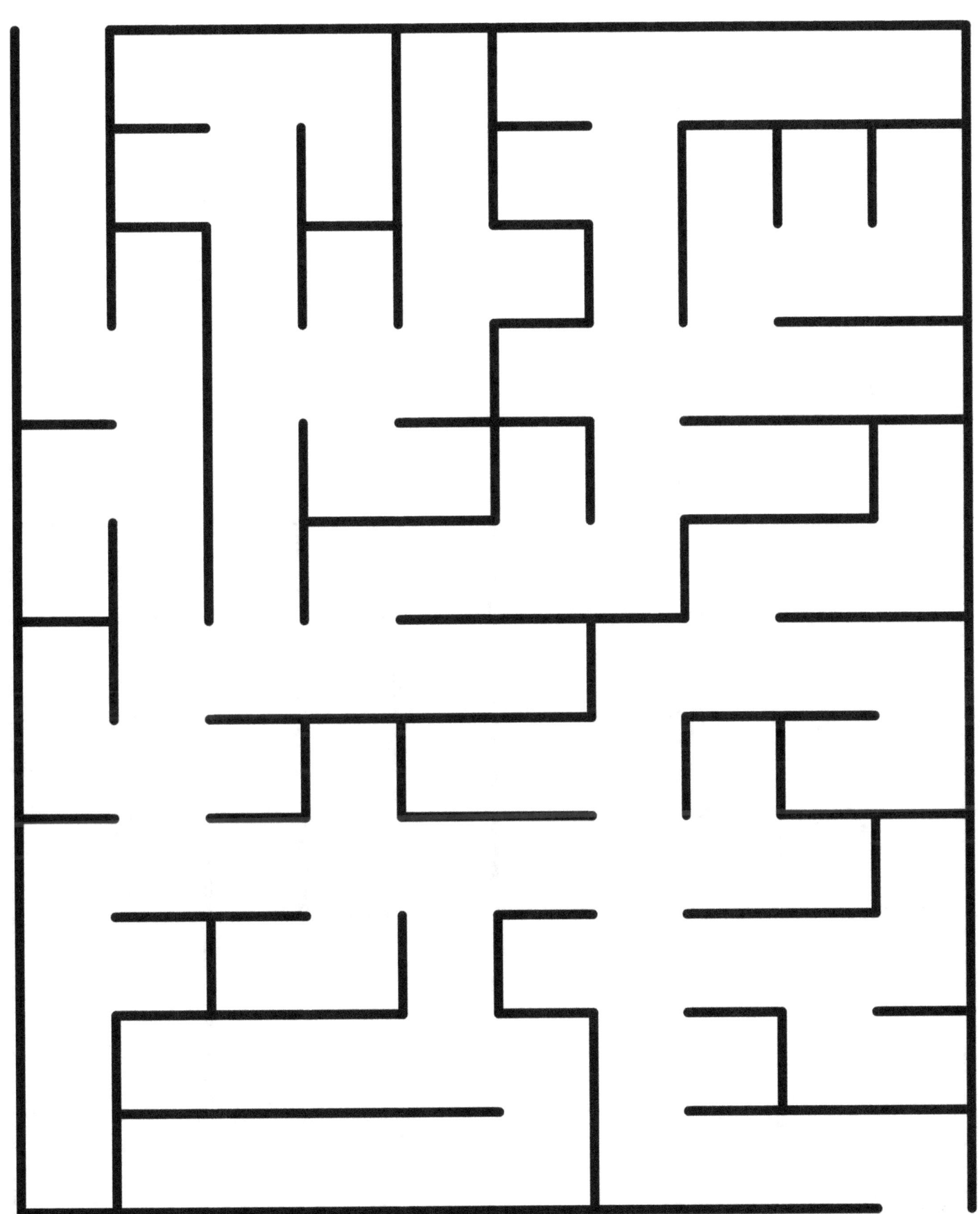

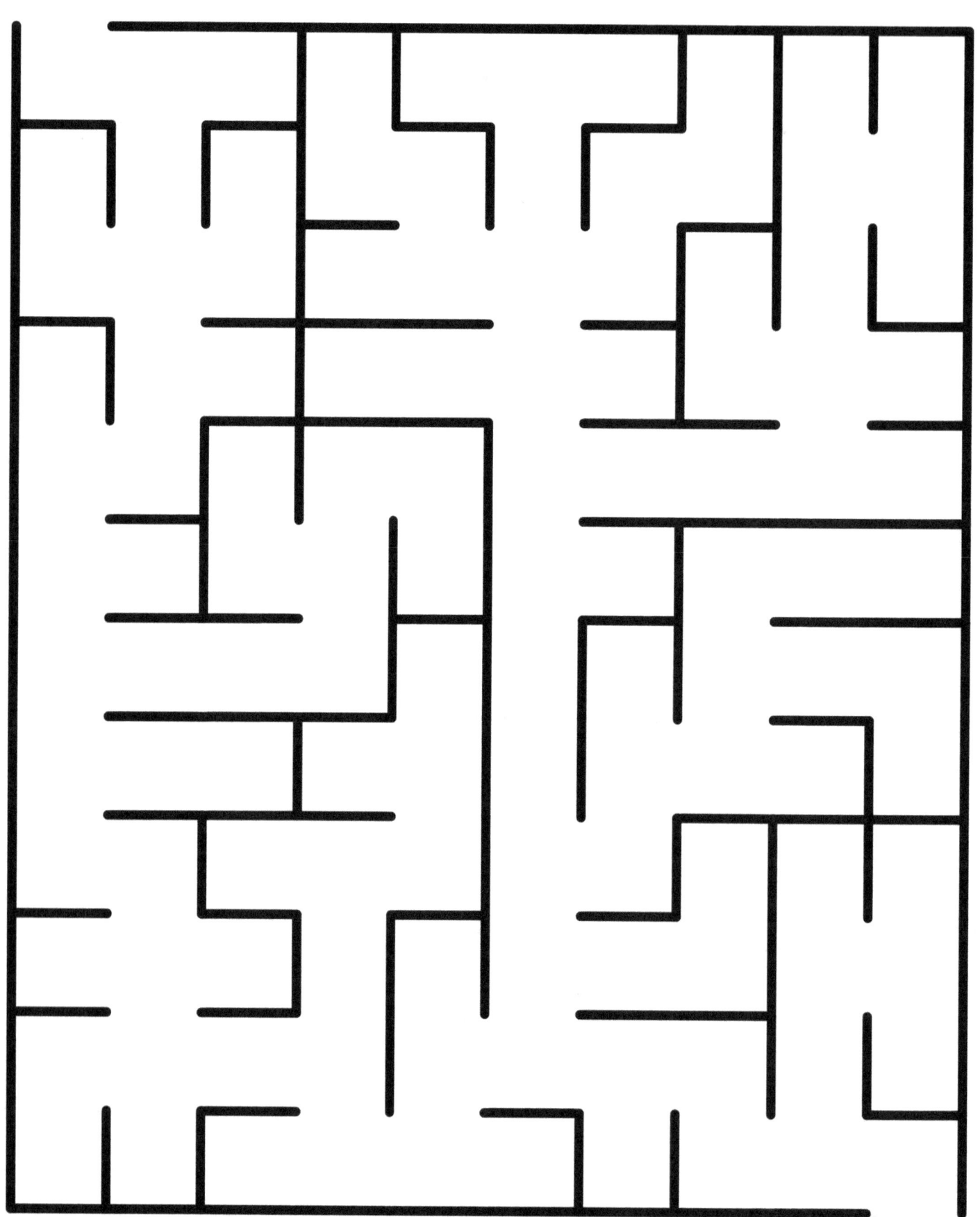

১২×১৫ সহজ বর্গ আকৃতির গোলকধাঁধা

১২×১৫ মাঝারি বর্গ আকৃতির গোলকধাঁধা

২০×২৪ মাঝারি বর্গ আকৃতির গোলকধাঁধা

২০×২৪ কঠিন বর্গ আকৃতির গোলকধাঁধা

৩০×৩৭ কঠিন বর্গ আকৃতির গোলকধাঁধা

৯×১২ সহজ ত্রিভুজ আকৃতির গোলকধাঁধা

১২×১৫ সহজ ত্রিভুজ আকৃতির গোলকধাঁধা

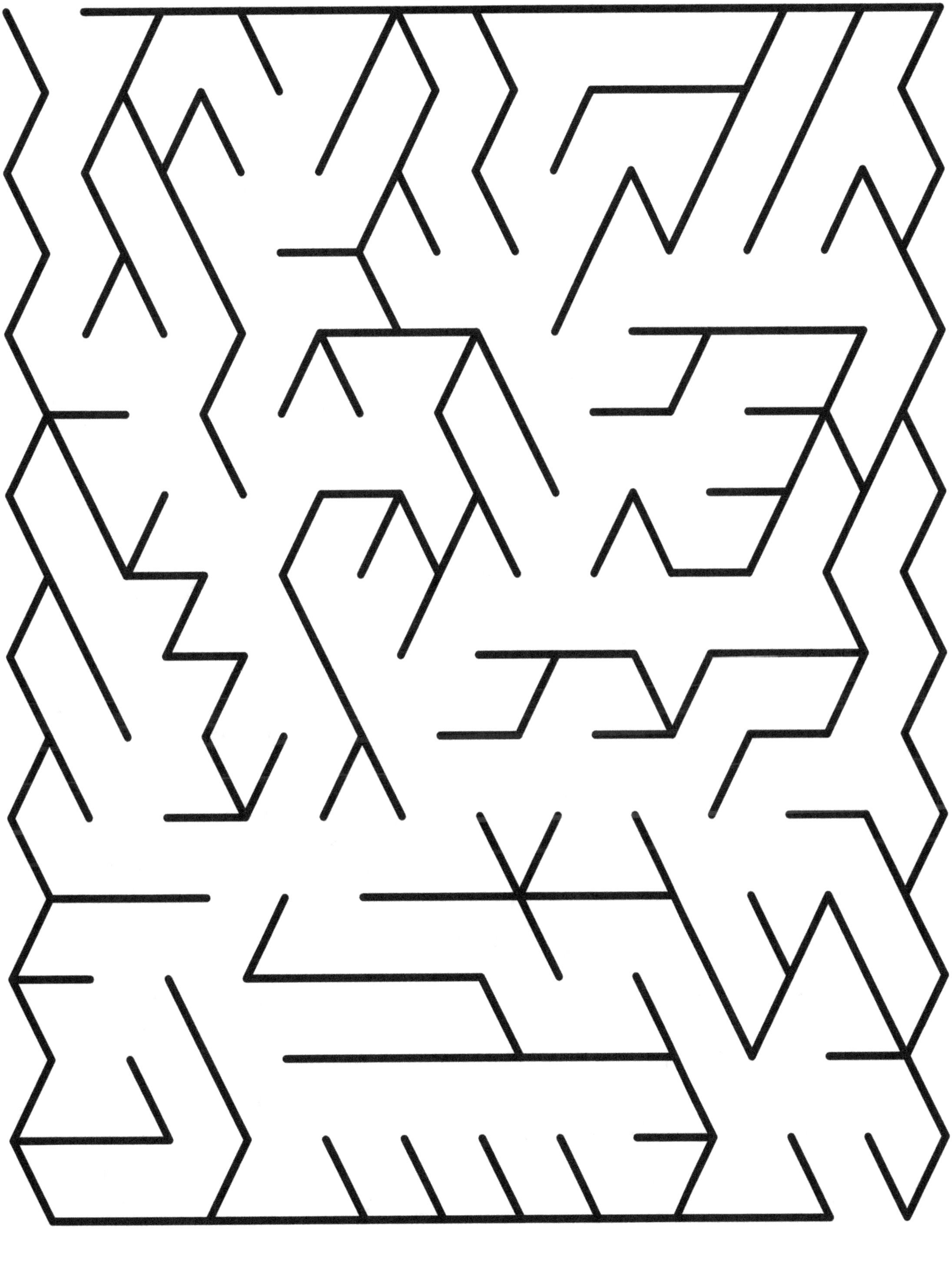

১২×১৫ মাঝারি ত্রিভুজ আকৃতির গোলকধাঁধা

২০×২৪ মাঝারি ত্রিভুজ আকৃতির গোলকধাঁধা

২০×২৪ কঠিন ত্রিভুজ আকৃতির গোলকধাঁধা

৩০×৩৭ কঠিন ত্রিভুজ আকৃতির গোলকধাঁধা

১২×১৯ সহজ ষড়ভুজ আকৃতির গোলকধাঁধা

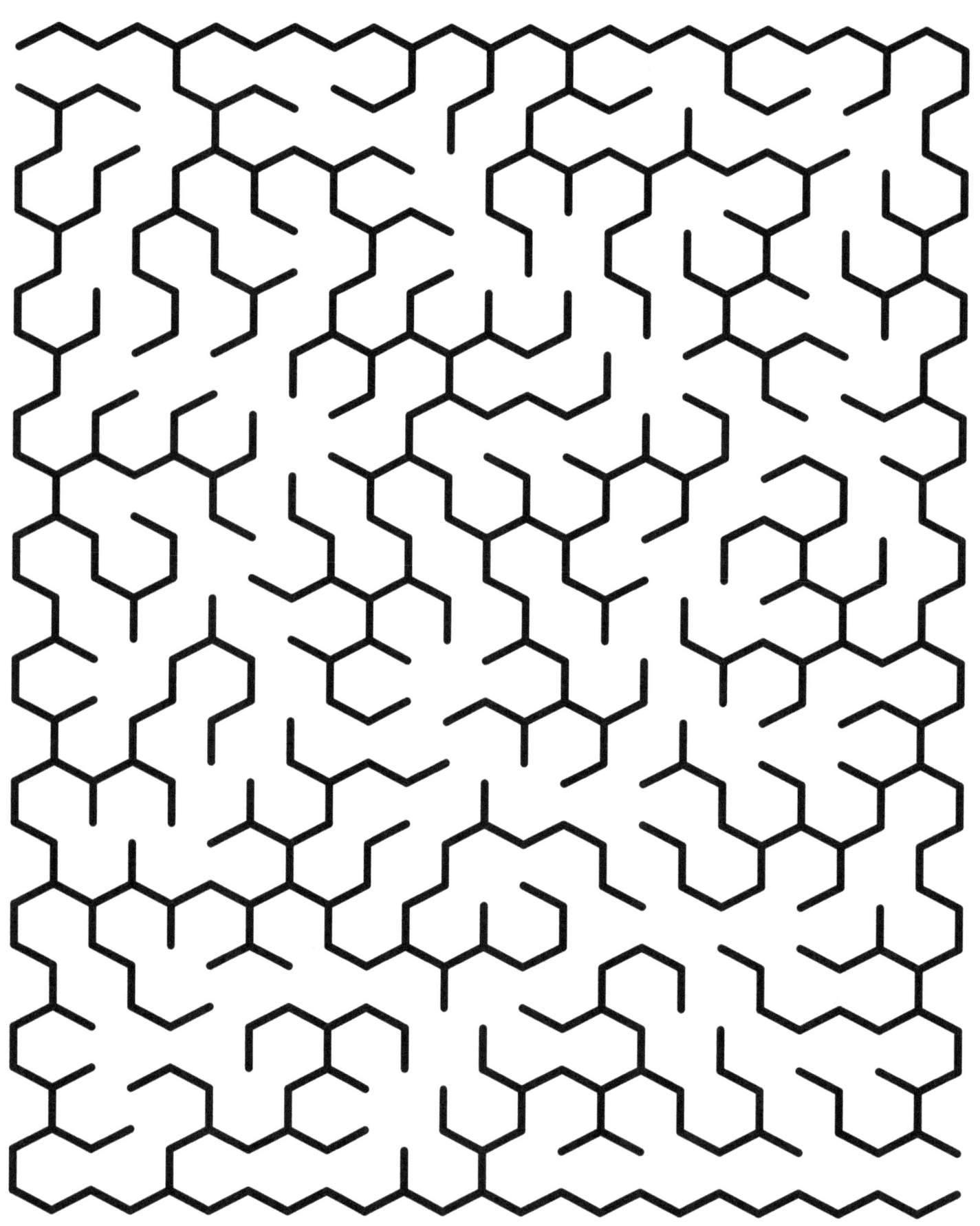

১৫×২৩ সহজ ষড়ভুজ আকৃতির গোলকধাঁধা

১৫×২৩ মাঝারি ষড়ভুজ আকৃতির গোলকধাঁধা

২৪×৩৯ মাঝারি ষড়ভুজ আকৃতির গোলকধাঁধা

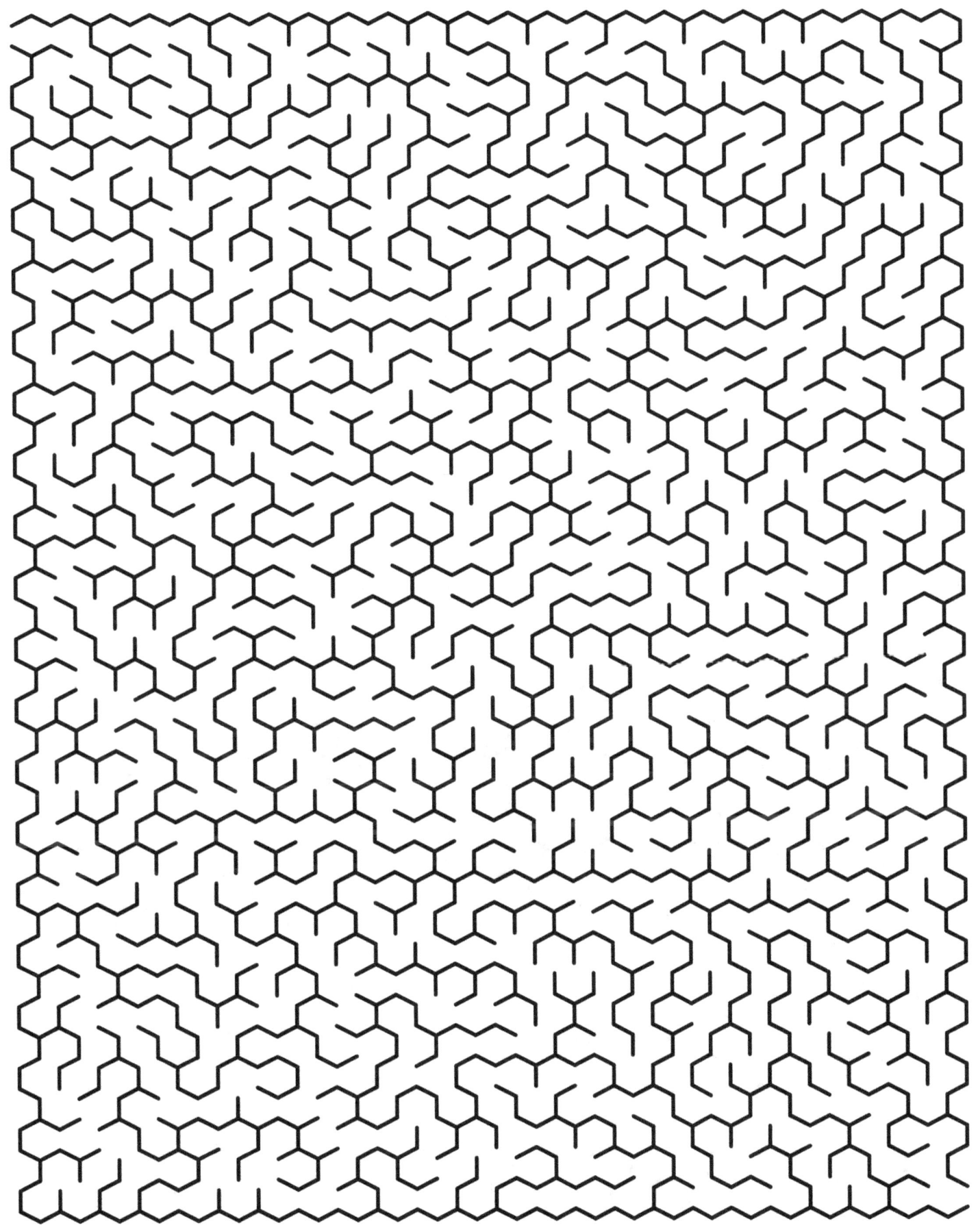

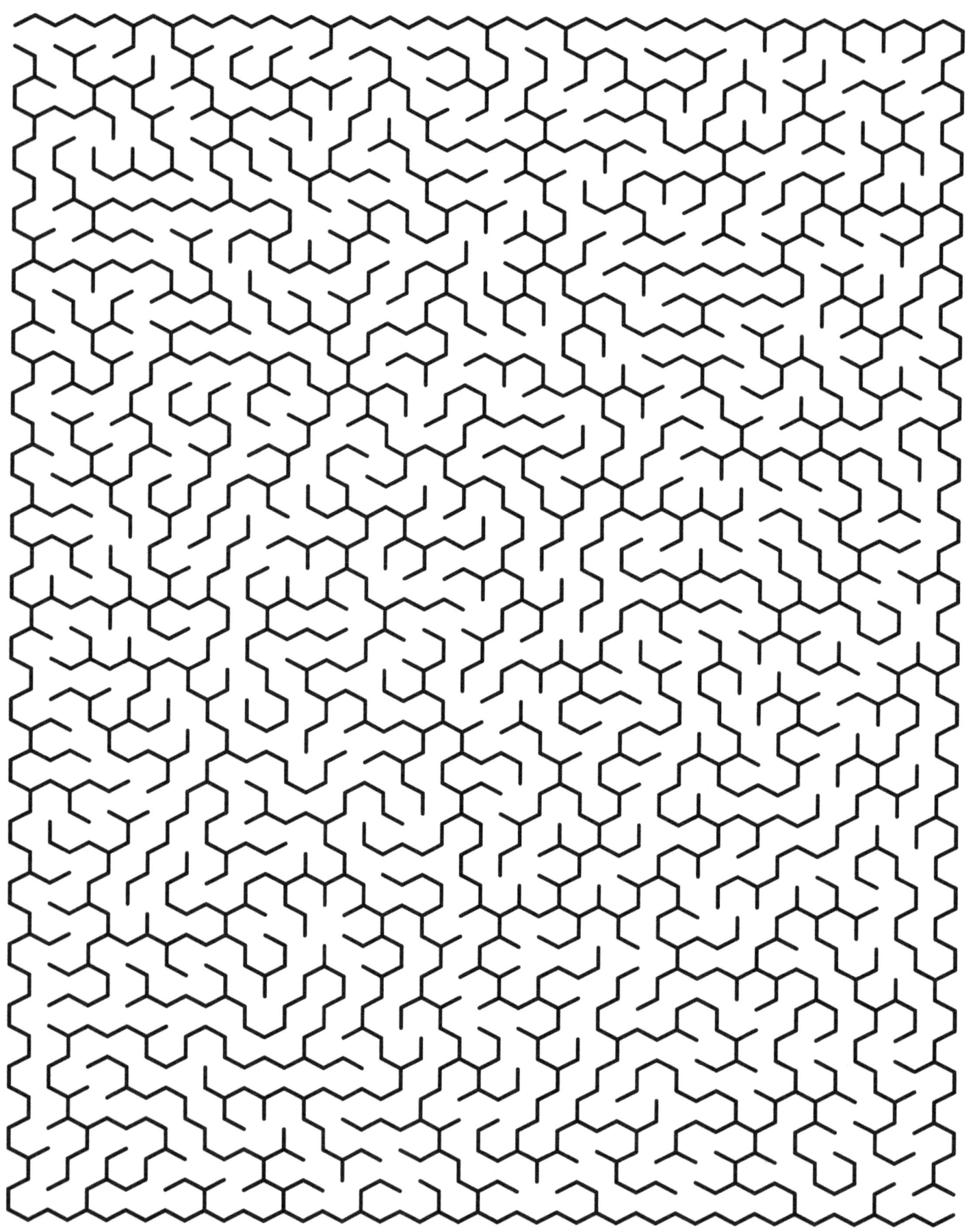

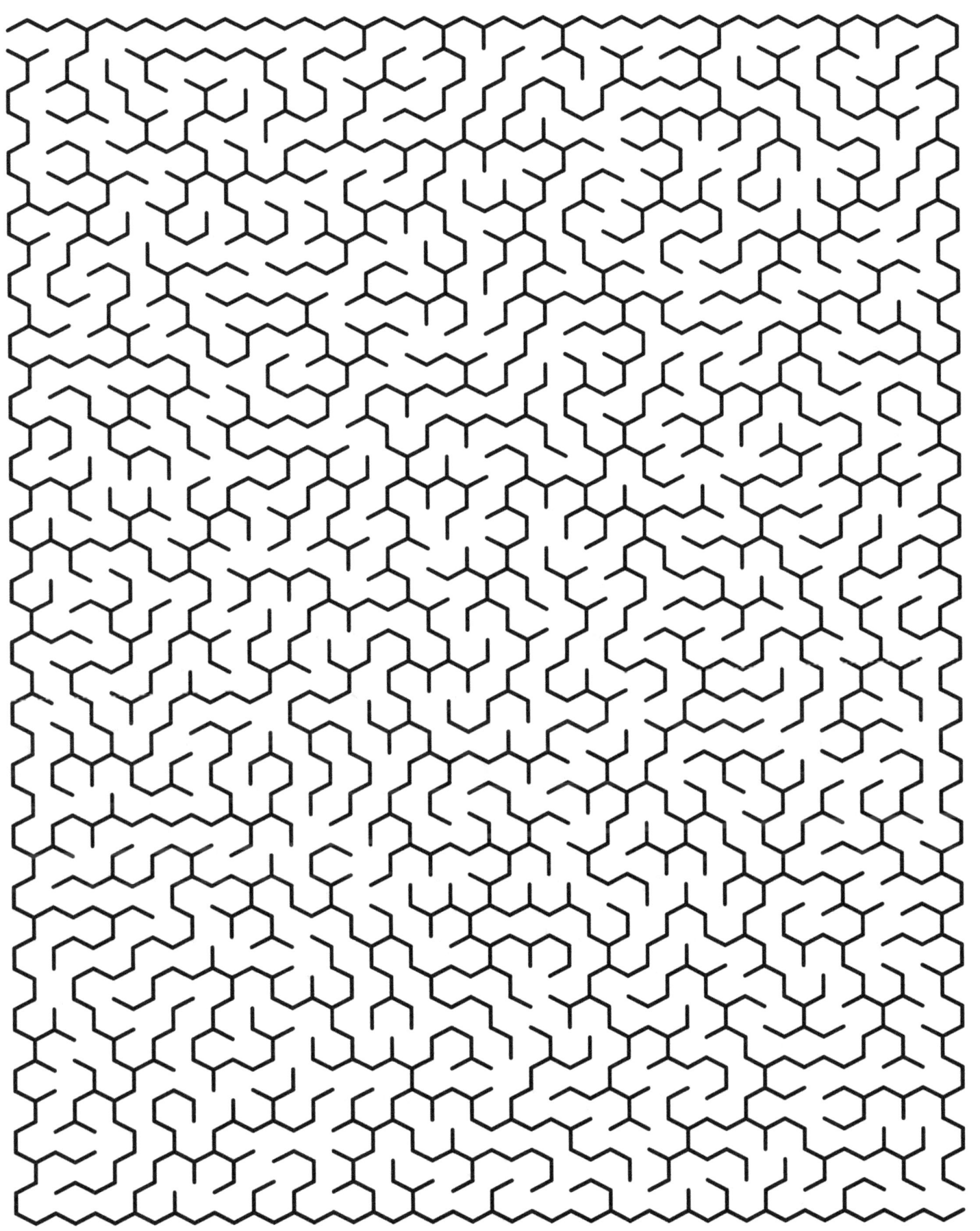

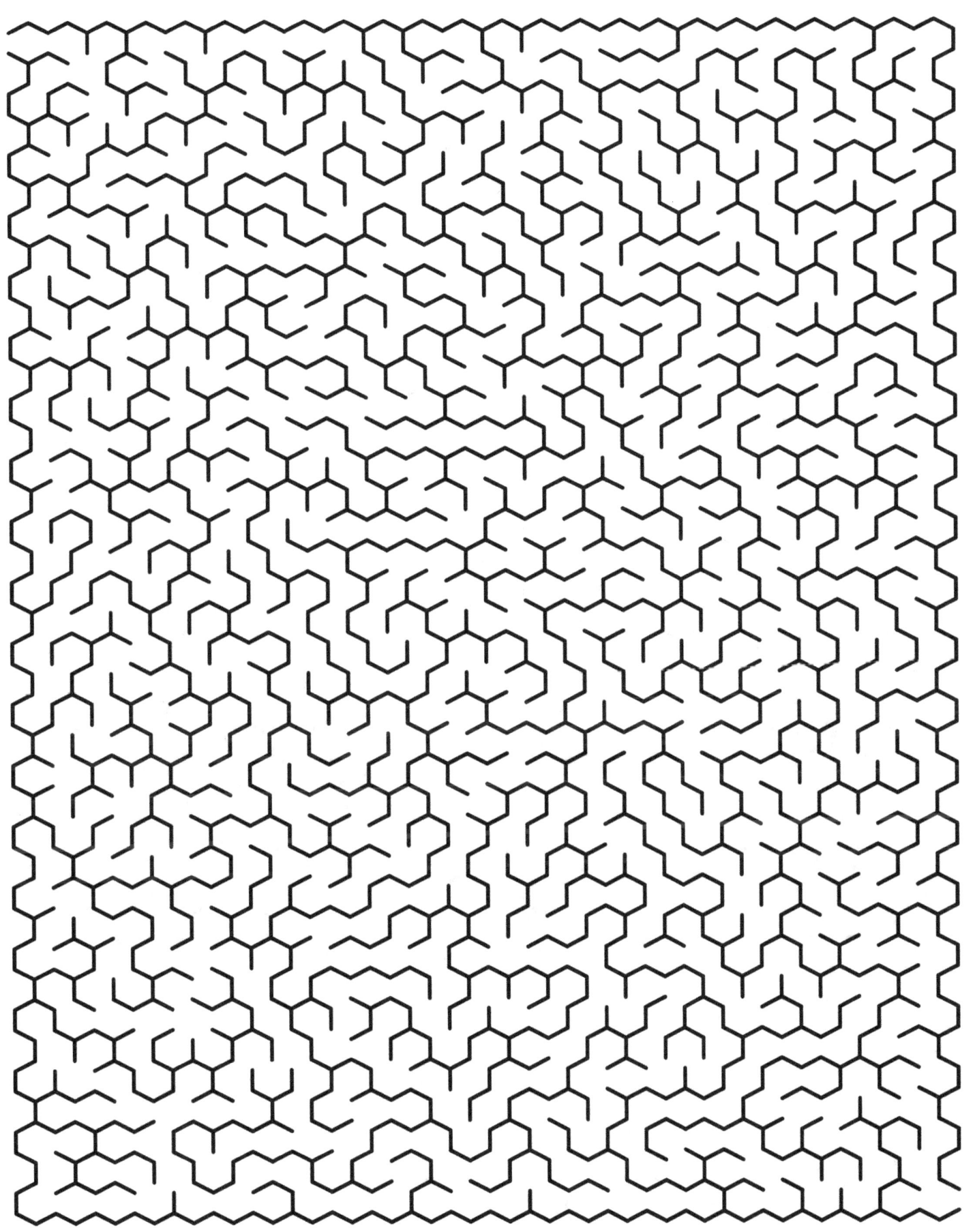

২৪×৩৯ কঠিন ষড়ভুজ আকৃতির গোলকধাঁধা

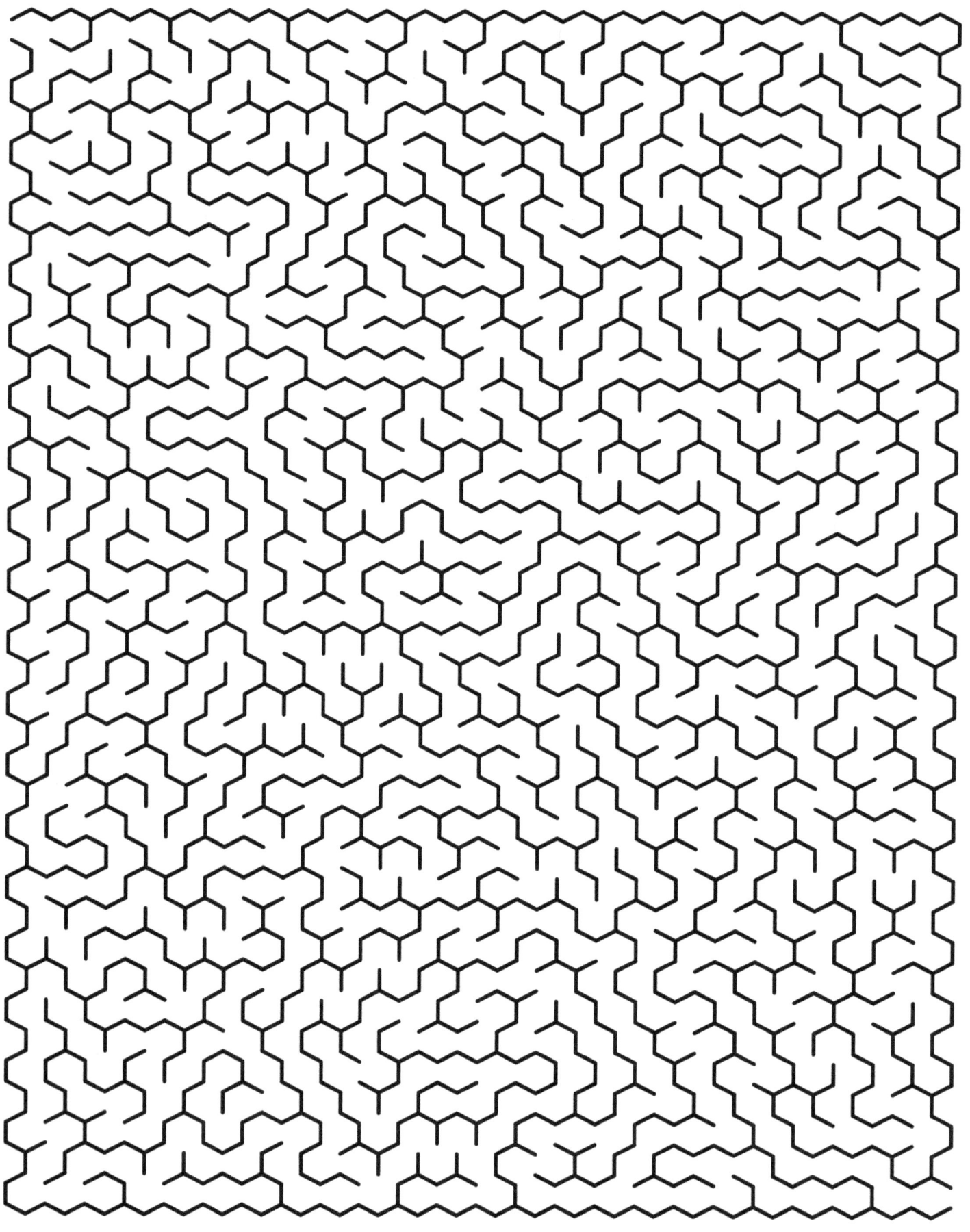

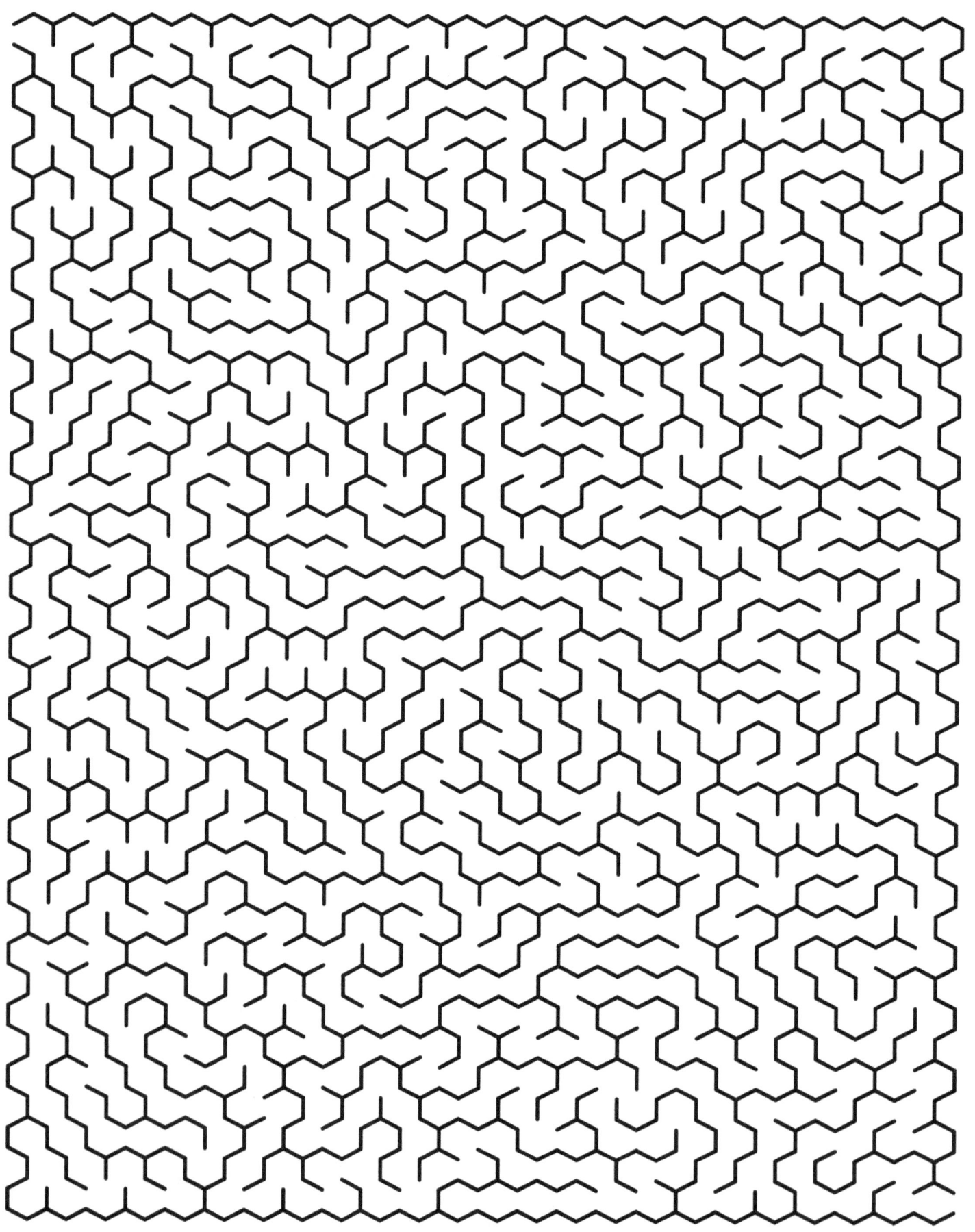

৩৭×৫৯ কঠিন ষড়ভুজ আকৃতির গোলকধাঁধা

৯×১২ সহজ হীরা আকৃতির গোলকধাঁধা

১২×১৫ সহজ হীরা আকৃতির গোলকধাঁধা

১২×১৫ মাঝারি হীরা আকৃতির গোলকধাঁধা

২০×২৪ মাঝারি হীরা আকৃতির গোলকধাঁধা

২০×২৪ কঠিন হীরা আকৃতির গোলকধাঁধা

৩০×৩৭ কঠিন হীরা আকৃতির গোলকধাঁধা

৯×১২ সহজ স্নাব স্কোয়ার আকৃতির গোলকধাঁধা

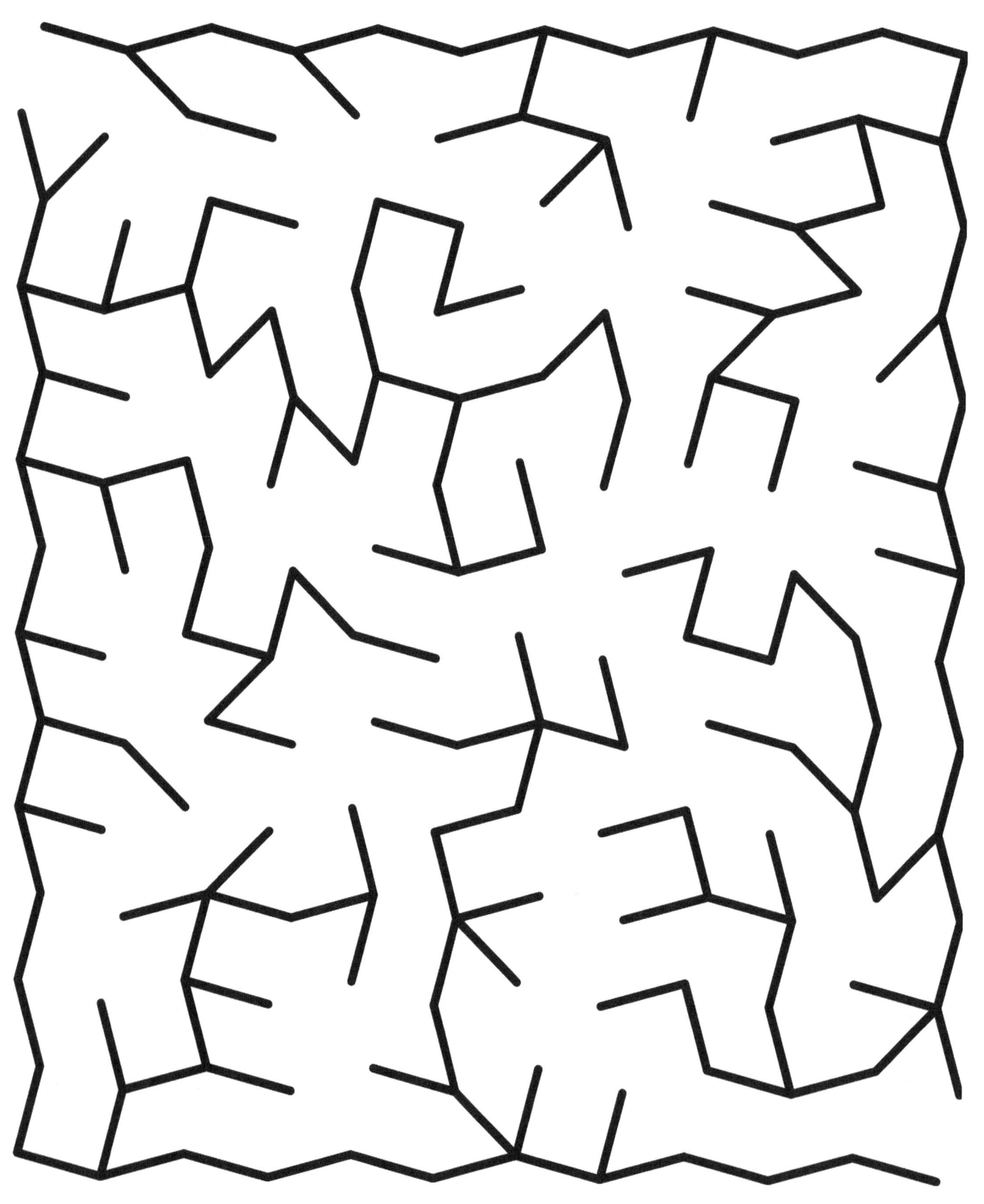

১২×১৫ সহজ স্নাব স্কোয়ার আকৃতির গোলকধাঁধা

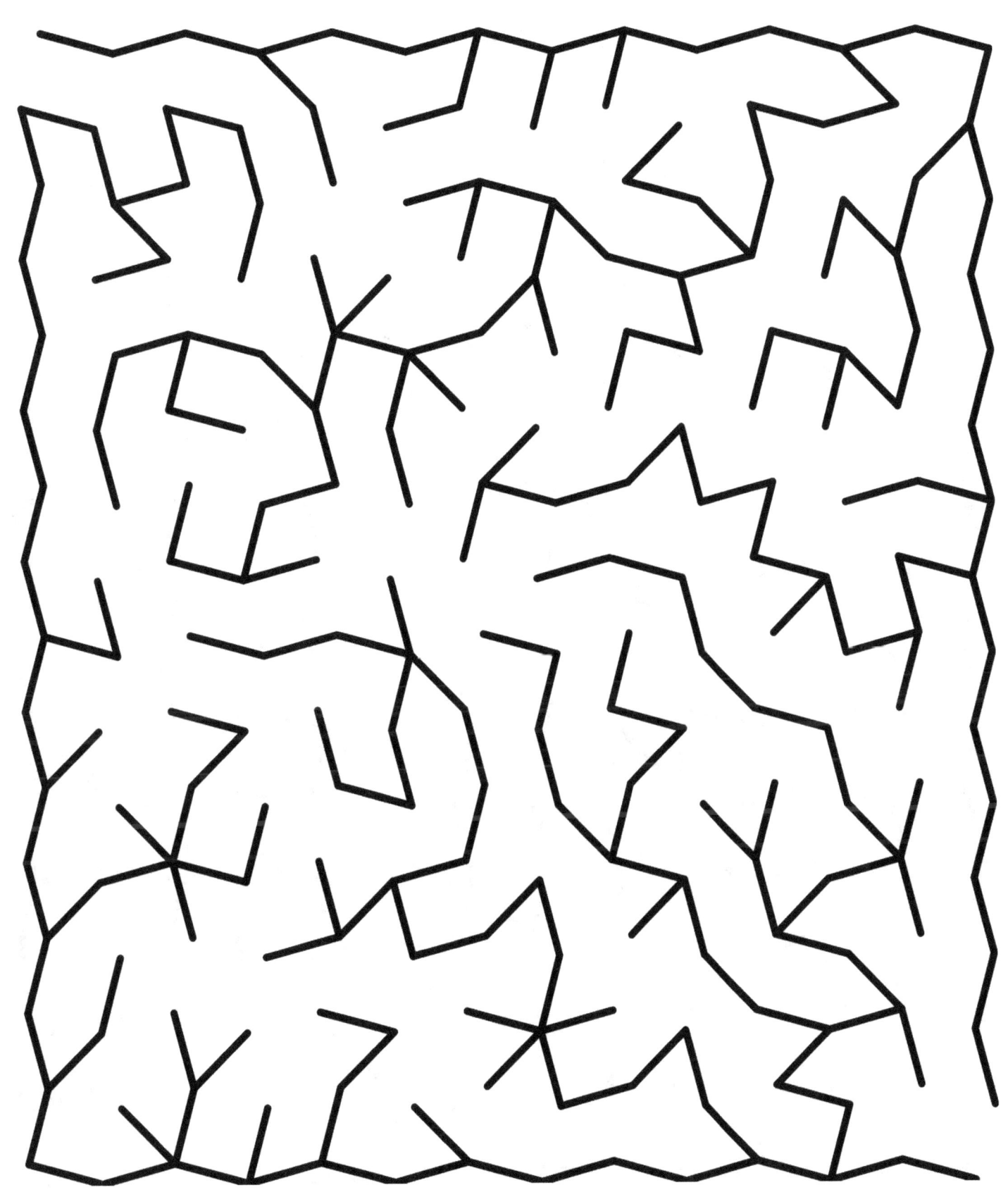

১২×১৫ মাঝারি স্নাব স্কোয়ার আকৃতির গোলকধাঁধা

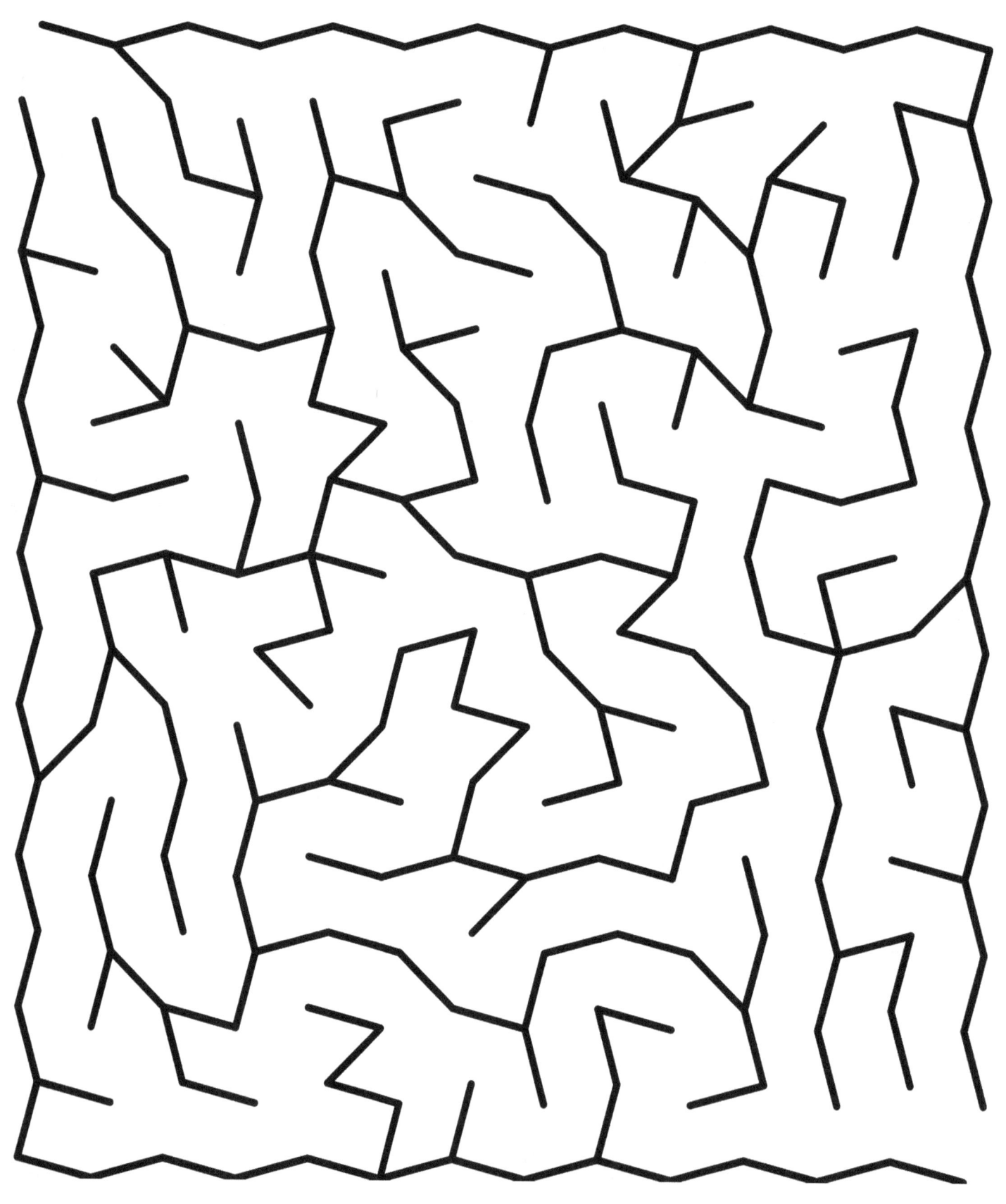

২০×২৪ মাঝারি স্নাব স্কোয়ার আকৃতির গোলকধাঁধা

২০×২৪ কঠিন স্নাব স্কোয়ার আকৃতির গোলকধাঁধা

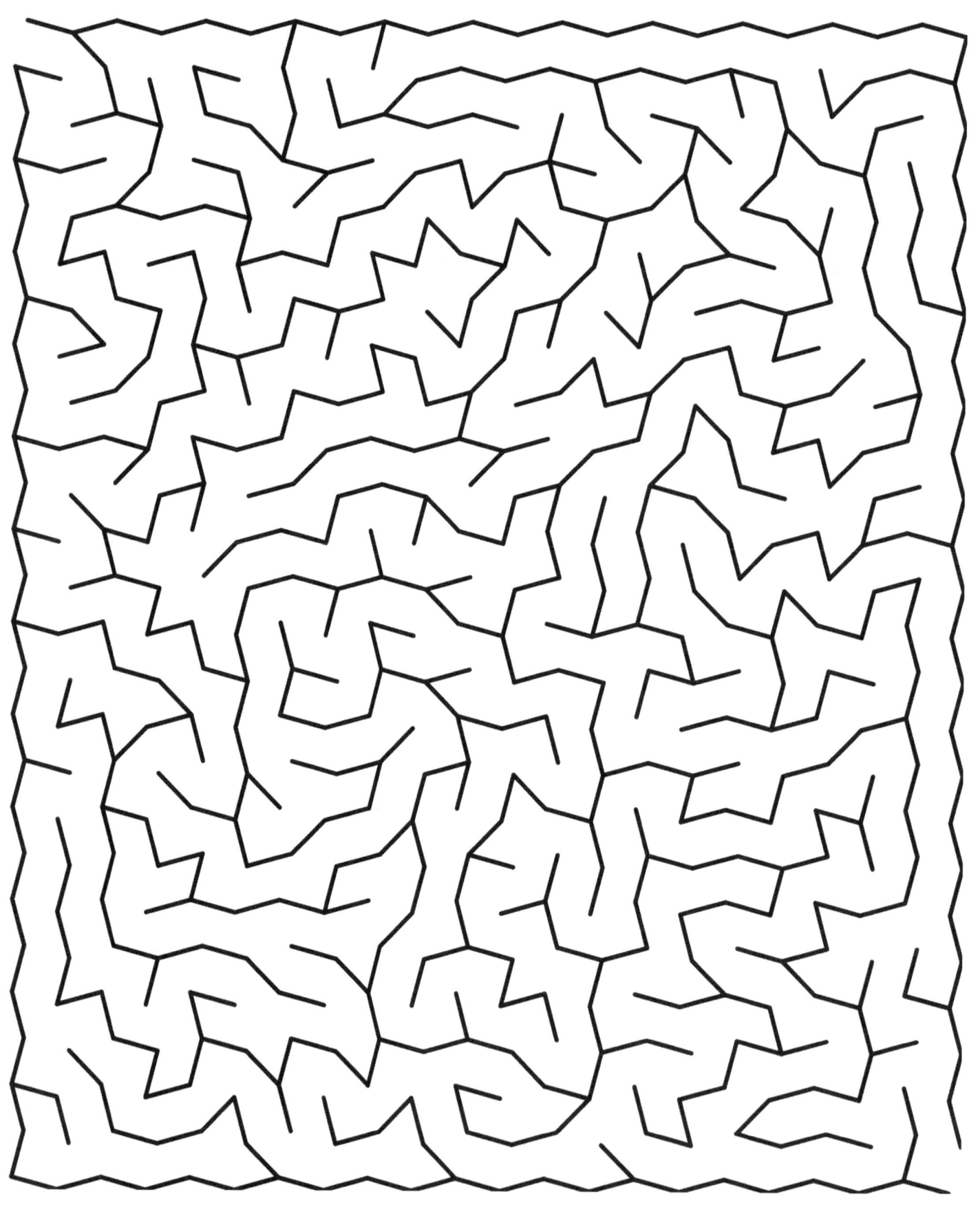

৩০×৩৭ কঠিন স্লাব স্কোয়ার আকৃতির গোলকধাঁধা

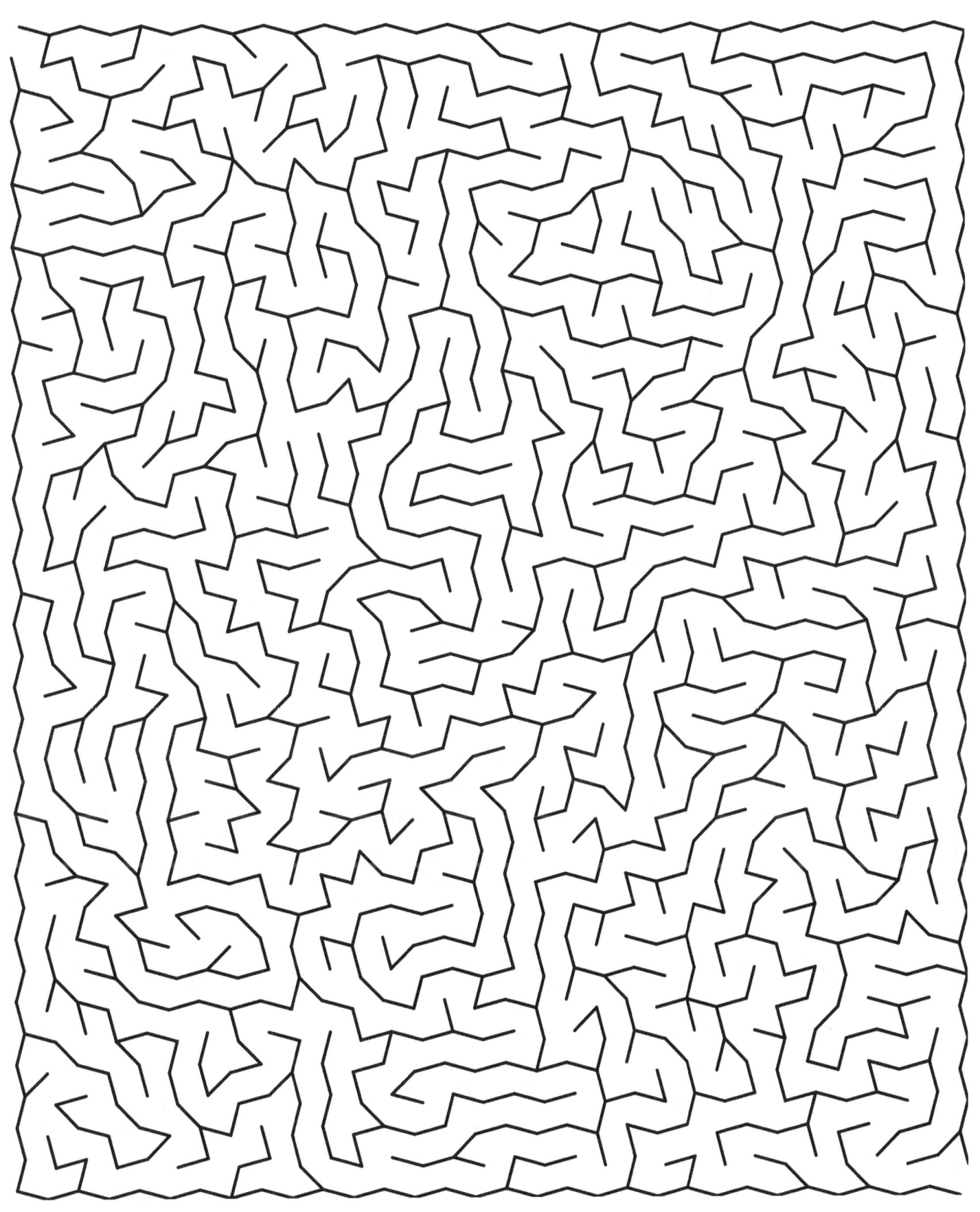

৯×১২ সহজ স্নাব স্কোয়ার ২ আকৃতির গোলকধাঁধা

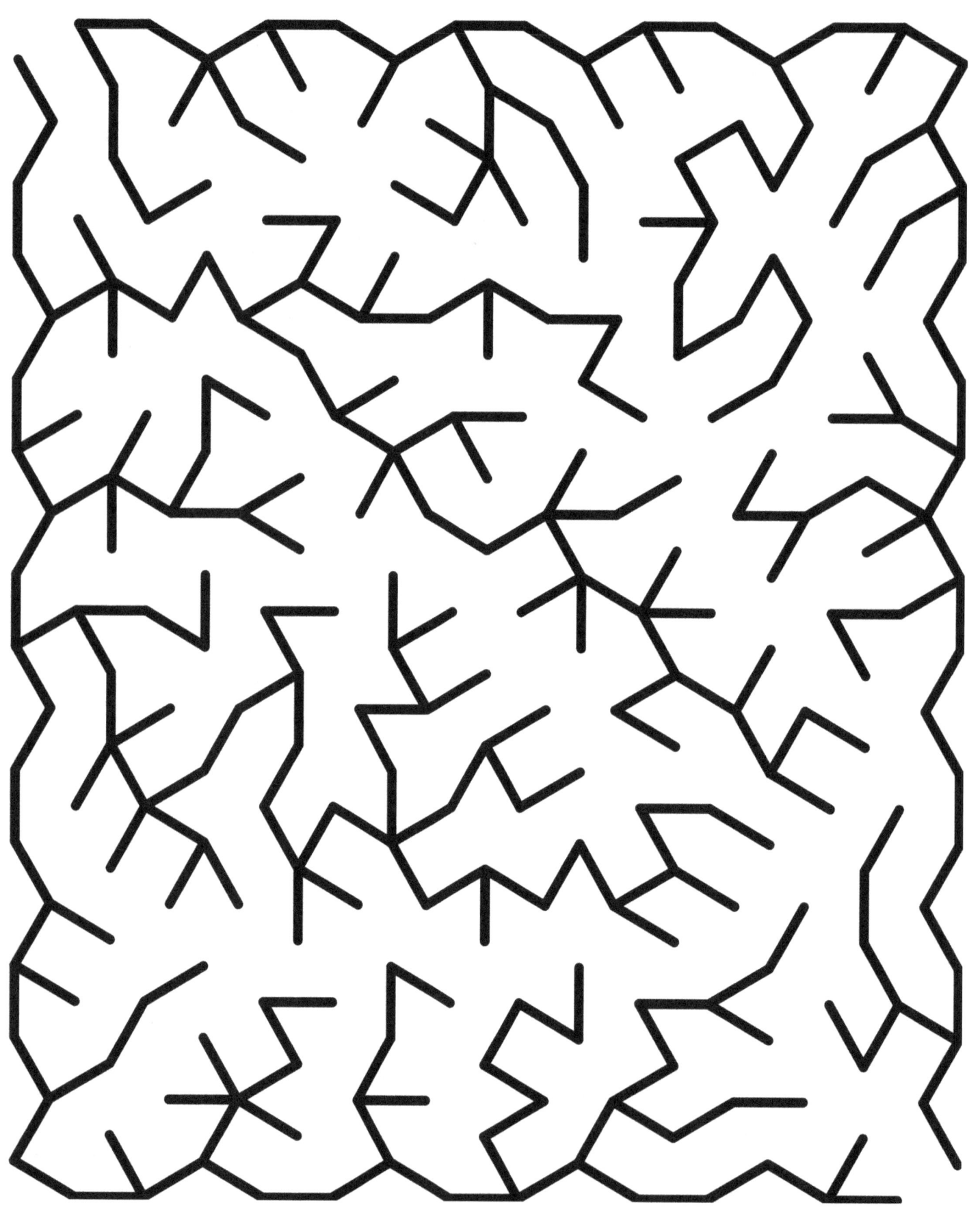

৯×১২ সহজ কায়রো আকৃতির গোলকধাঁধা

১২×১৫ সহজ কায়রো আকৃতির গোলকধাঁধা

১৩×১৬ সহজ কায়রো আকৃতির গোলকধাঁধা

১১৩×১৫ মাঝারি কায়রো আকৃতির গোলকধাঁধা

২০×২৪ মাঝারি কায়রো আকৃতির গোলকধাঁধা

২০×২৪ কঠিন কায়রো আকৃতির গোলকধাঁধা

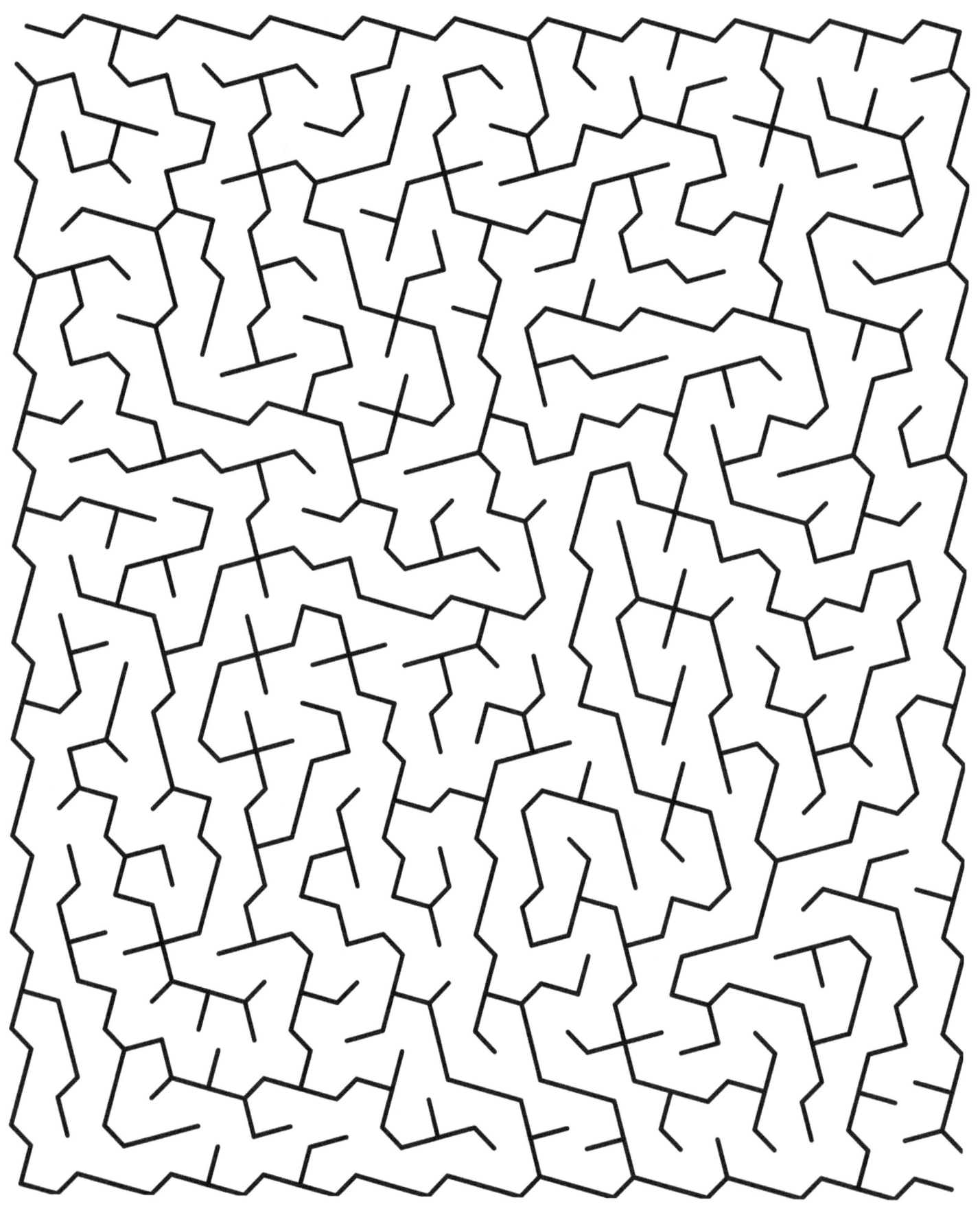

৩০×৩৭ কঠিন কায়রো আকৃতির গোলকধাঁধা

২০×২০ কঠিন বৃত্তাকার গোলকধাঁধা

২৫×২৫ কঠিন বৃত্তাকার গোলকধাঁধা

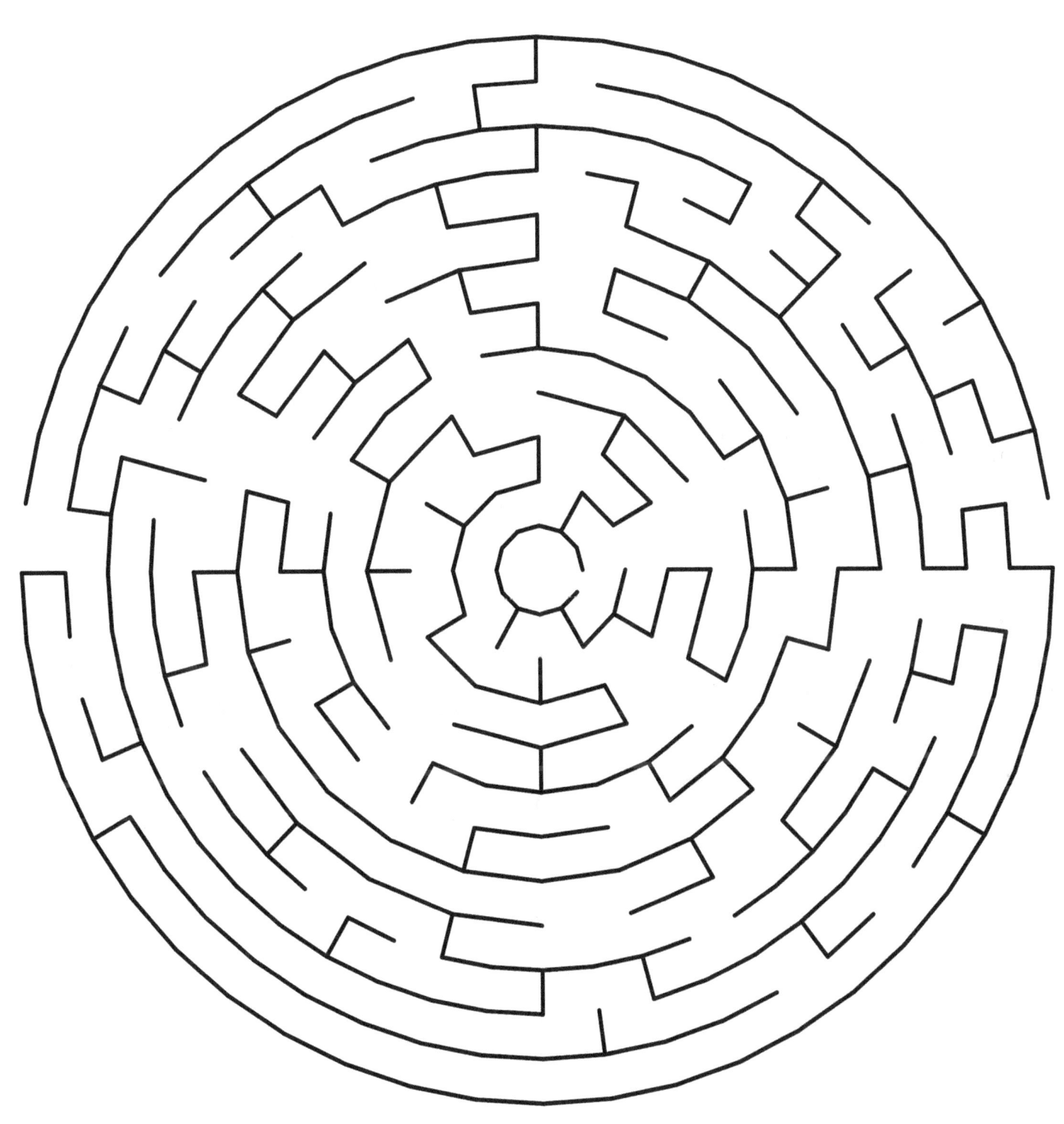

৩০×৩০ কঠিন বৃত্তাকার গোলকধাঁধা

৩৫×৩৫ কঠিন বৃত্তাকার গোলকধাঁধা

৯×১২ সহজ বর্গ-ত্রিভুজ আকৃতির গোলকধাঁধা

১২×১৫ সহজ বর্গ-ত্রিভুজ আকৃতির গোলকধাঁধা

১২×১৫ মাঝারি বর্গ-ত্রিভুজ আকৃতির গোলকধাঁধা

২০×২৪ মাঝারি বর্গ-ত্রিভুজ আকৃতির গোলকধাঁধা

২০×২৪ কঠিন বর্গ-ত্রিভুজ আকৃতির গোলকধাঁধা

৩০×৩৭ কঠিন বর্গ-ত্রিভুজ আকৃতির গোলকধাঁধা

সমাধানসমূহ

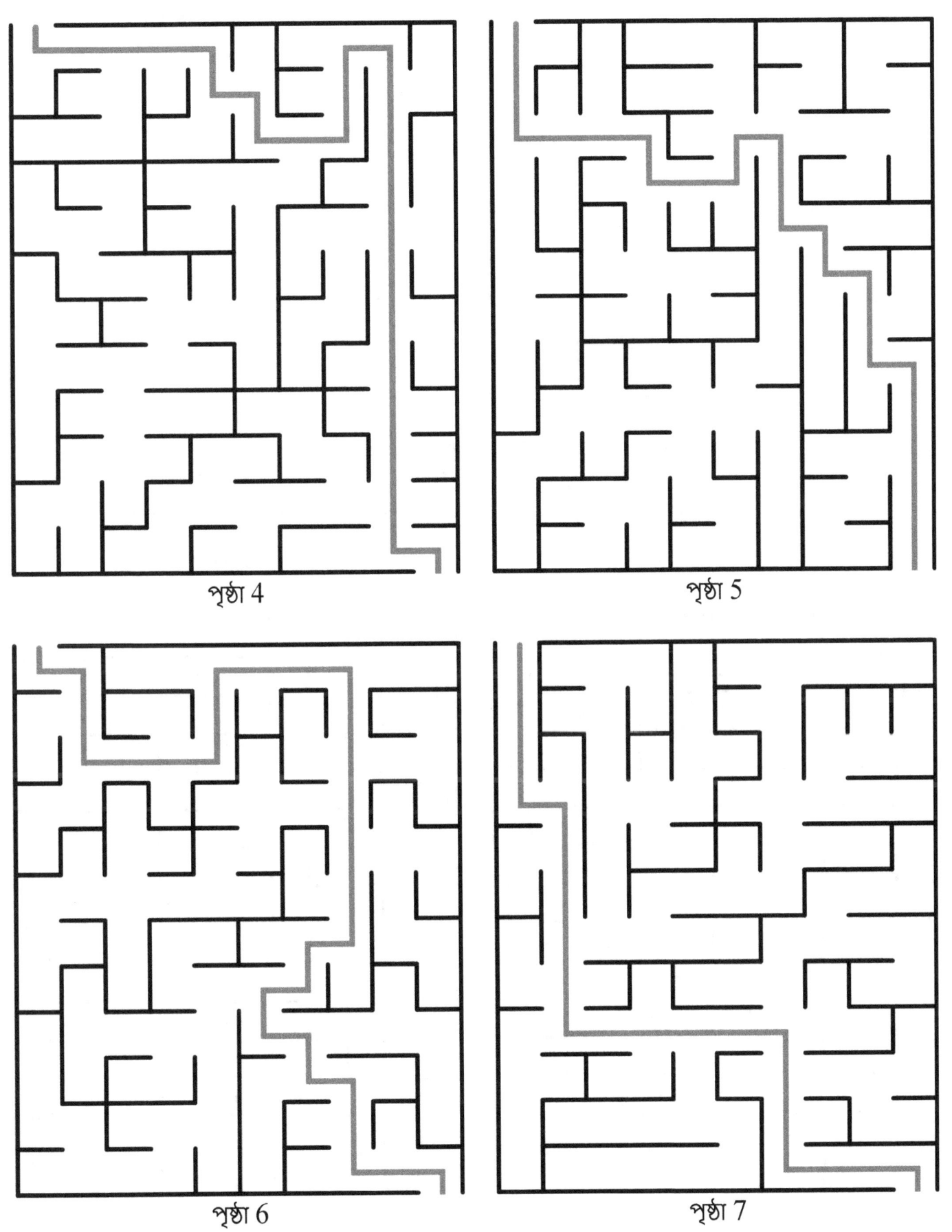

পৃষ্ঠা 4

পৃষ্ঠা 5

পৃষ্ঠা 6

পৃষ্ঠা 7

কপিরাইট ২০২৫ ডেভিড ই. ম্যাকঅ্যাডামস। সর্বস্বত্ব সংরক্ষিত।

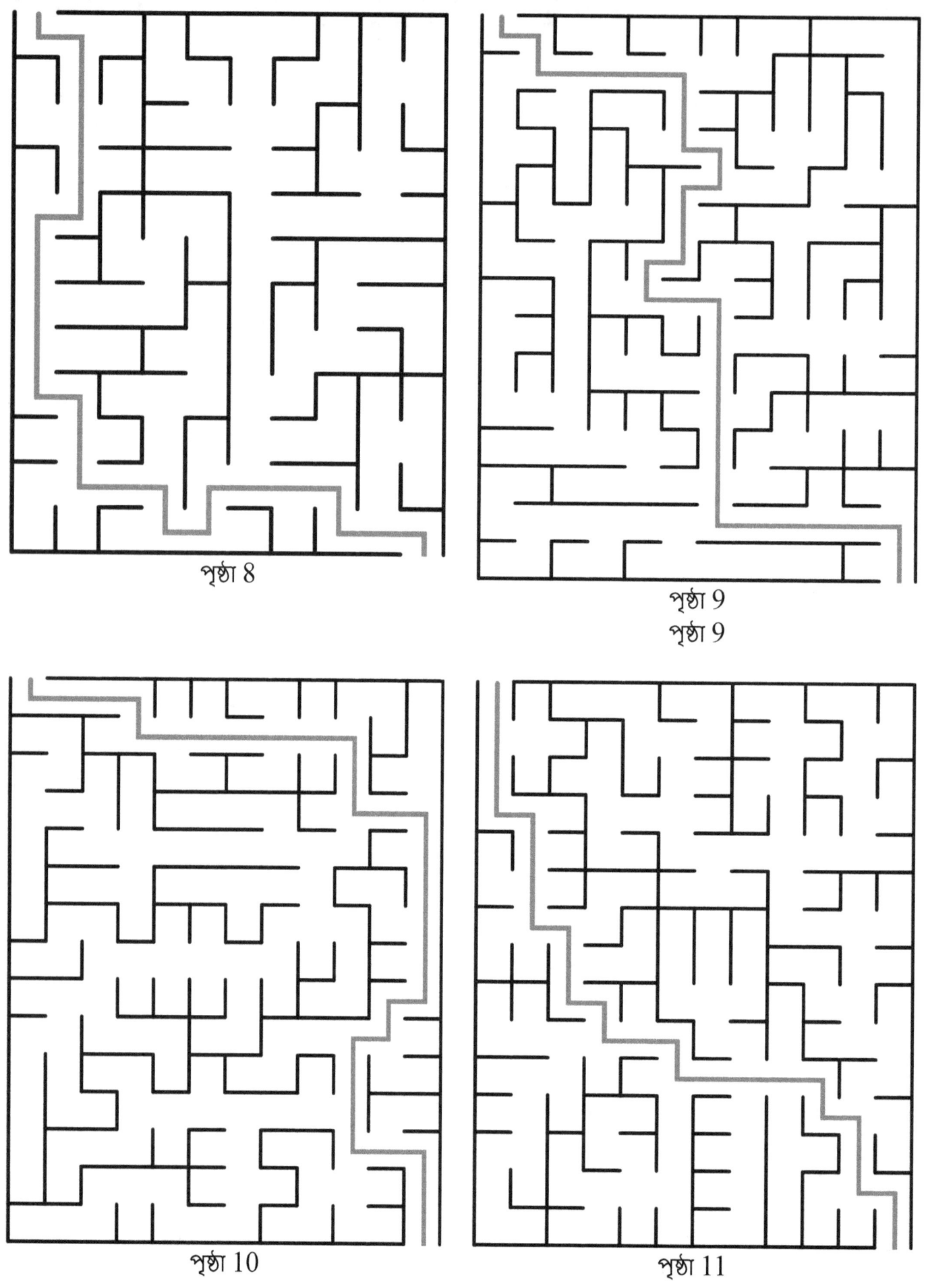

পৃষ্ঠা 8

পৃষ্ঠা 9

পৃষ্ঠা 9

পৃষ্ঠা 10

পৃষ্ঠা 11

পৃষ্ঠা 12   পৃষ্ঠা 13

পৃষ্ঠা 14   পৃষ্ঠা 15

পৃষ্ঠা 16 পৃষ্ঠা 17

পৃষ্ঠা 18 পৃষ্ঠা 19

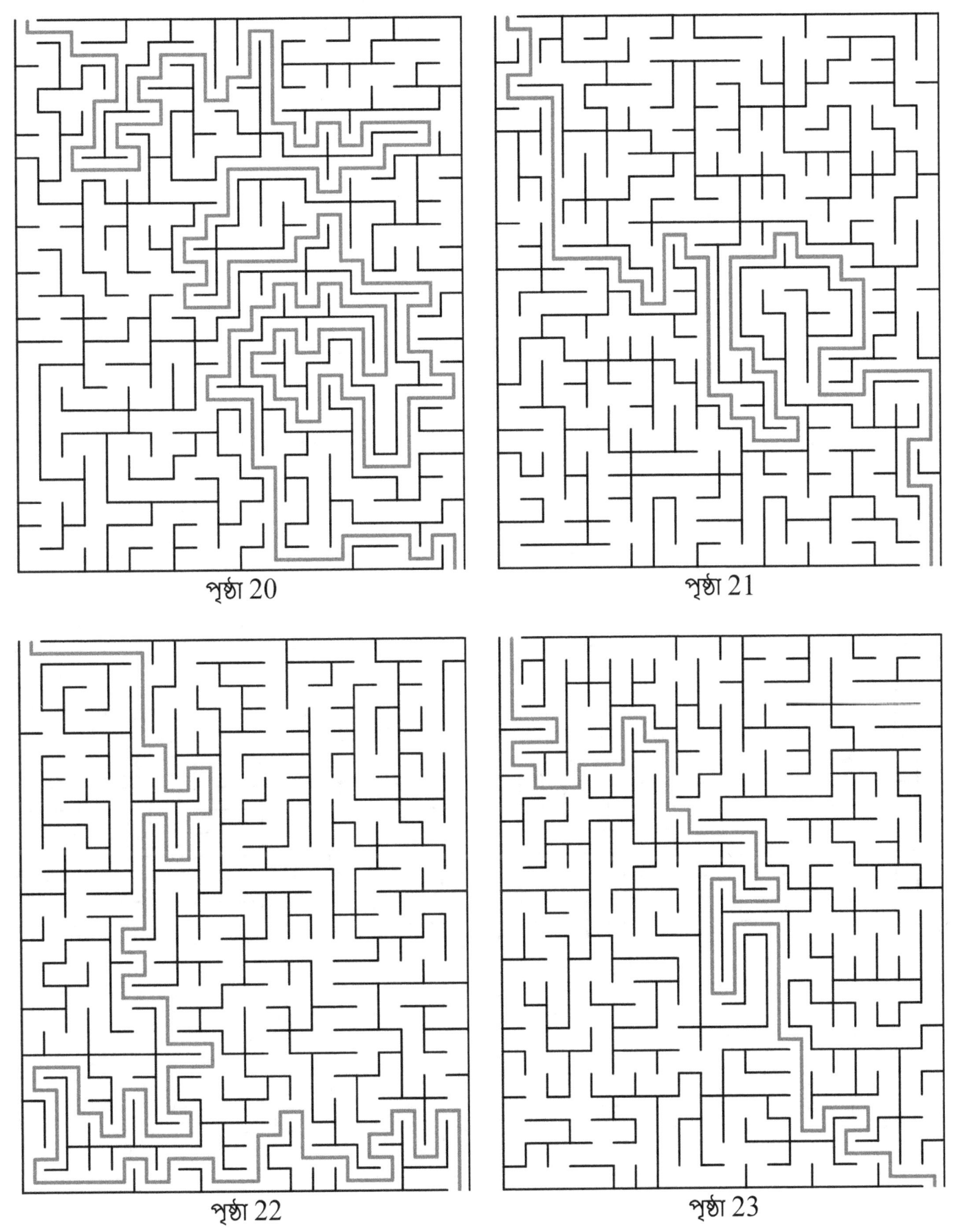

পৃষ্ঠা 20 পৃষ্ঠা 21

পৃষ্ঠা 22 পৃষ্ঠা 23

কপিরাইট ২০২৫ ডেভিড ই. ম্যাকঅ্যাডামস। সর্বস্বত্ব সংরক্ষিত।

পৃষ্ঠা 24 পৃষ্ঠা 25

পৃষ্ঠা 26 পৃষ্ঠা 27

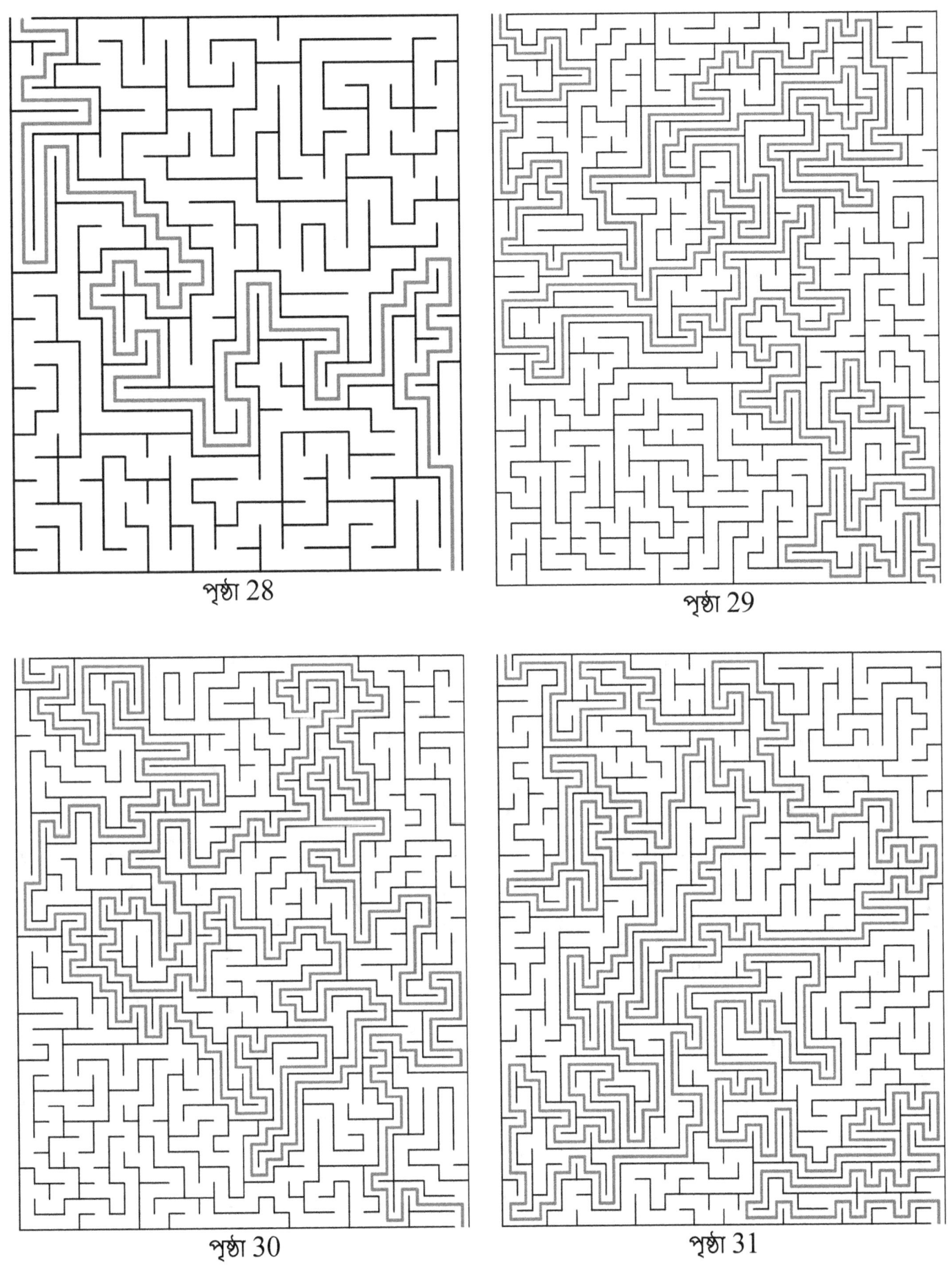

পৃষ্ঠা 28

পৃষ্ঠা 29

পৃষ্ঠা 30

পৃষ্ঠা 31

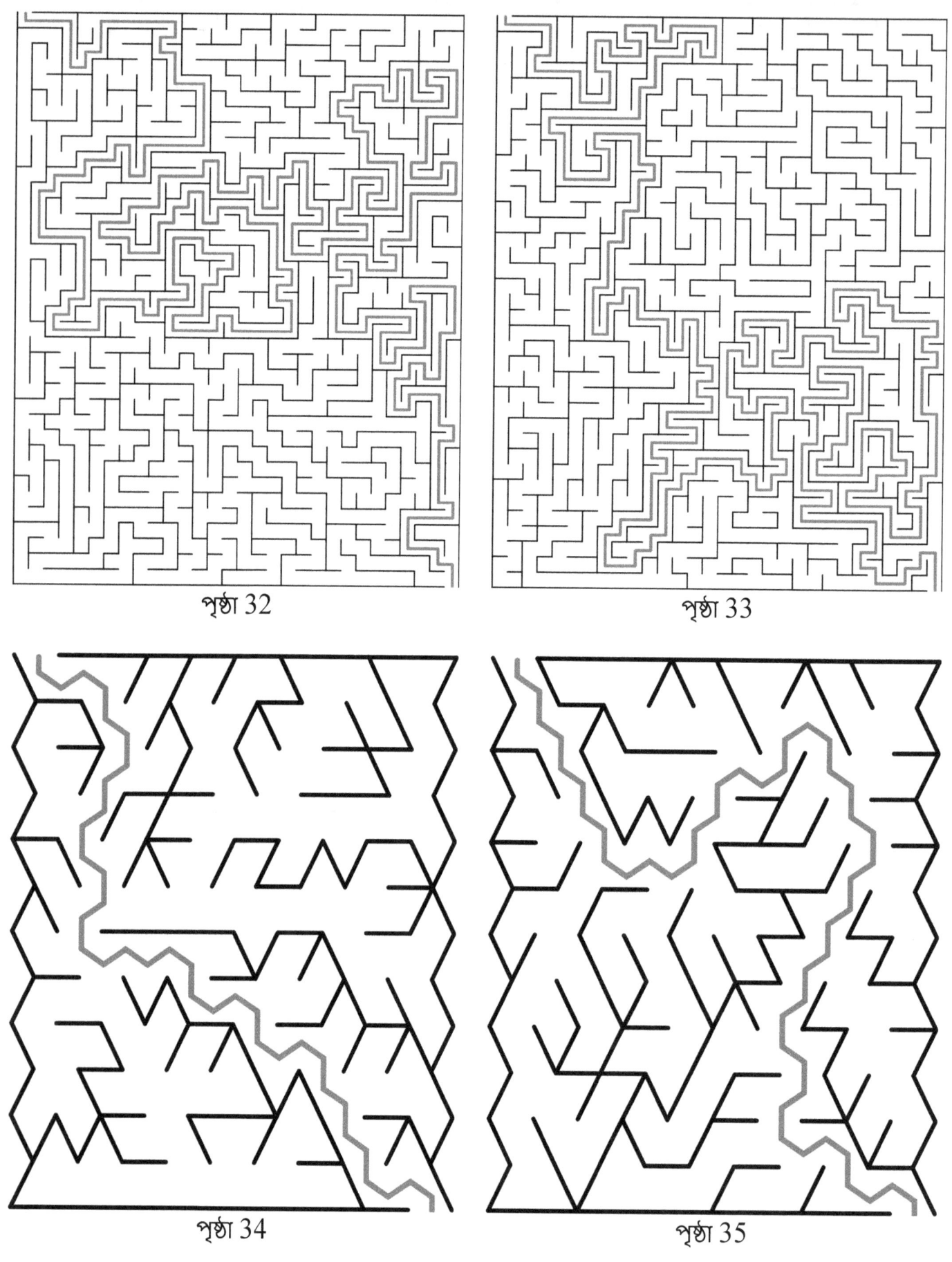

পৃষ্ঠা 32

পৃষ্ঠা 33

পৃষ্ঠা 34

পৃষ্ঠা 35

পৃষ্ঠা 36

পৃষ্ঠা 37

পৃষ্ঠা 38

পৃষ্ঠা 39

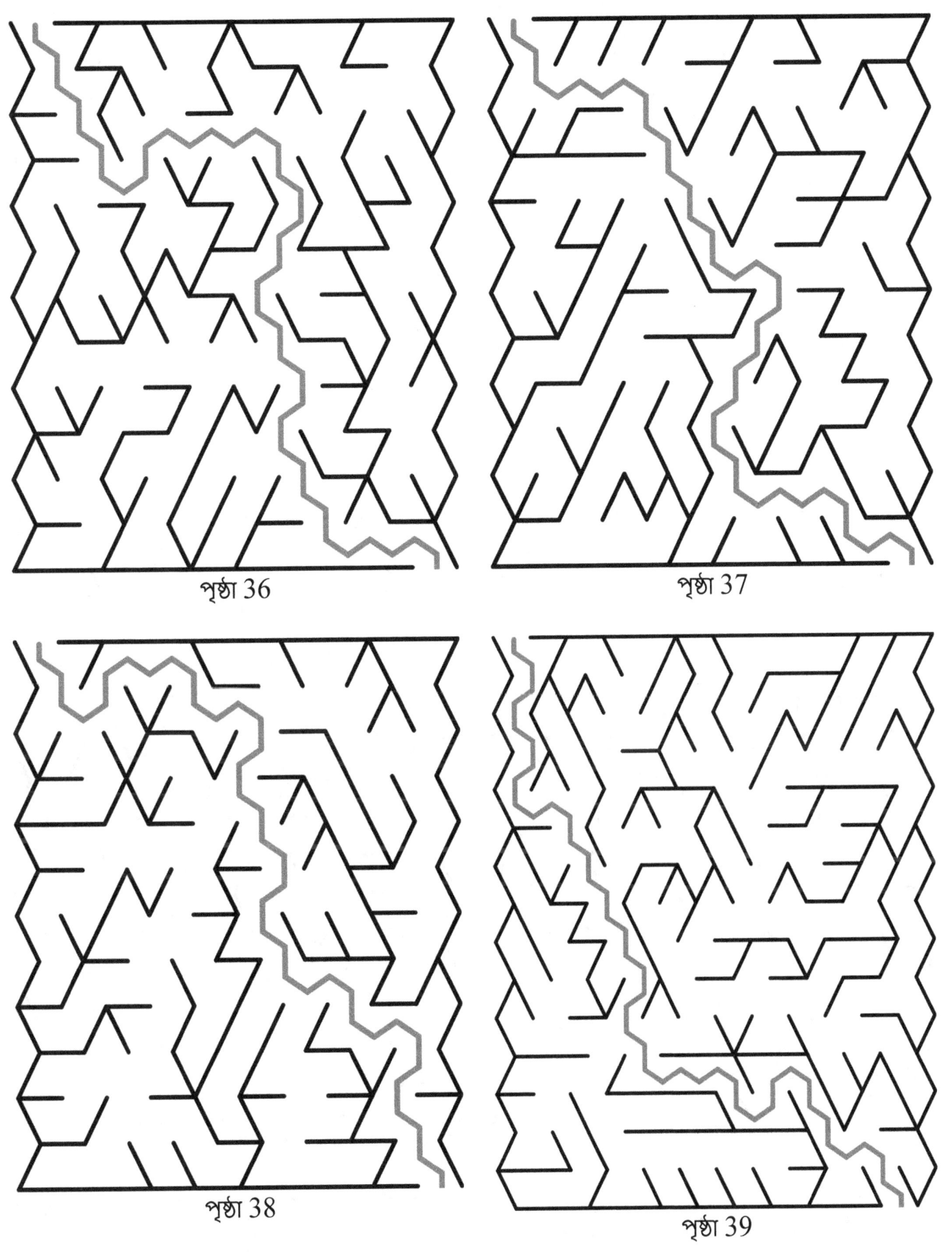

পৃষ্ঠা 40   পৃষ্ঠা 41
পৃষ্ঠা 42   পৃষ্ঠা 43

পৃষ্ঠা 44   পৃষ্ঠা 45

পৃষ্ঠা 46   পৃষ্ঠা 47

কপিরাইট ২০২৫ ডেভিড ই. ম্যাকঅ্যাডামস। সর্বস্বত্ব সংরক্ষিত।

পৃষ্ঠা 48

পৃষ্ঠা 49

পৃষ্ঠা 50

পৃষ্ঠা 51

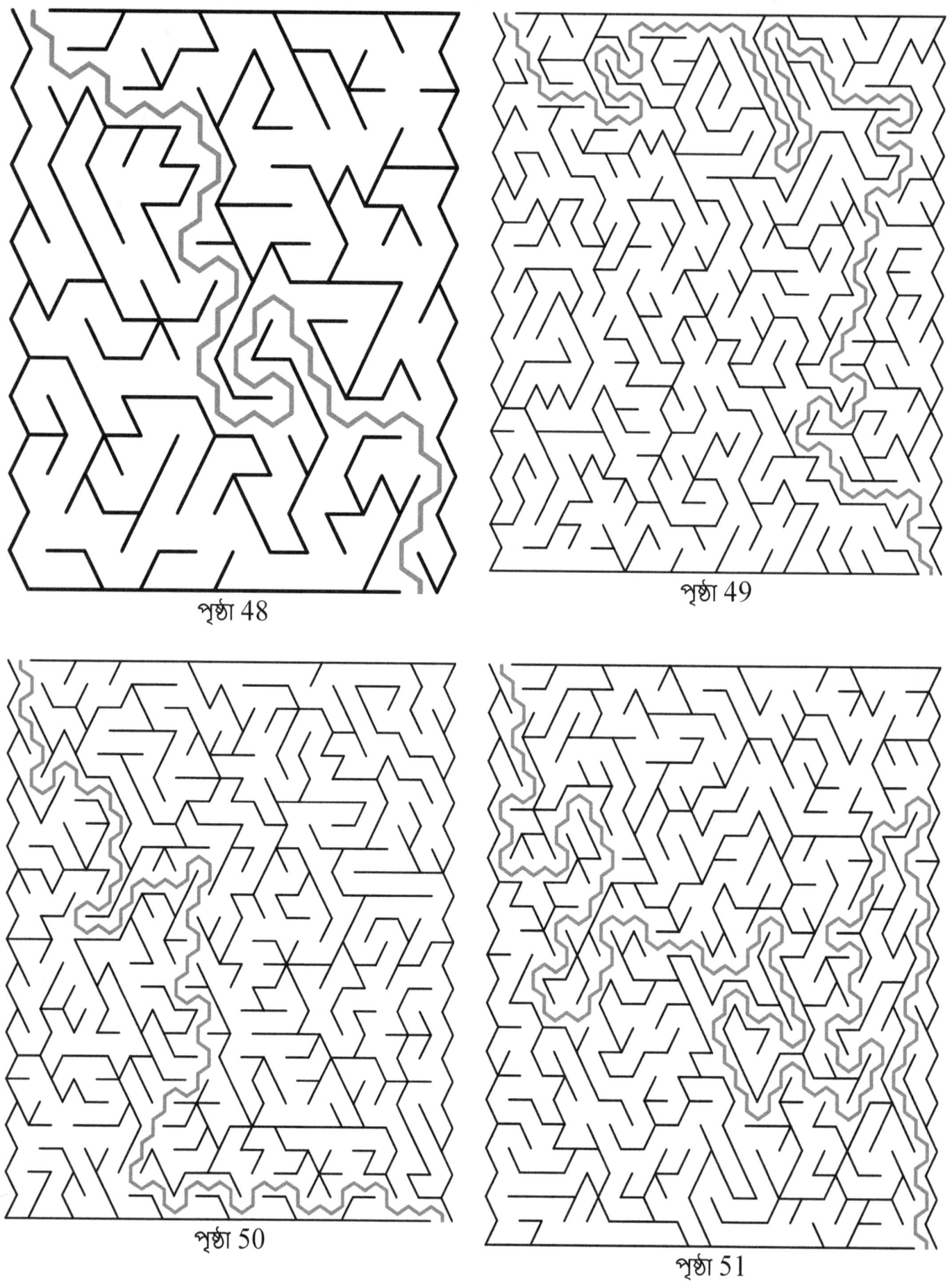

পৃষ্ঠা 52

পৃষ্ঠা 53

পৃষ্ঠা 54

পৃষ্ঠা 55

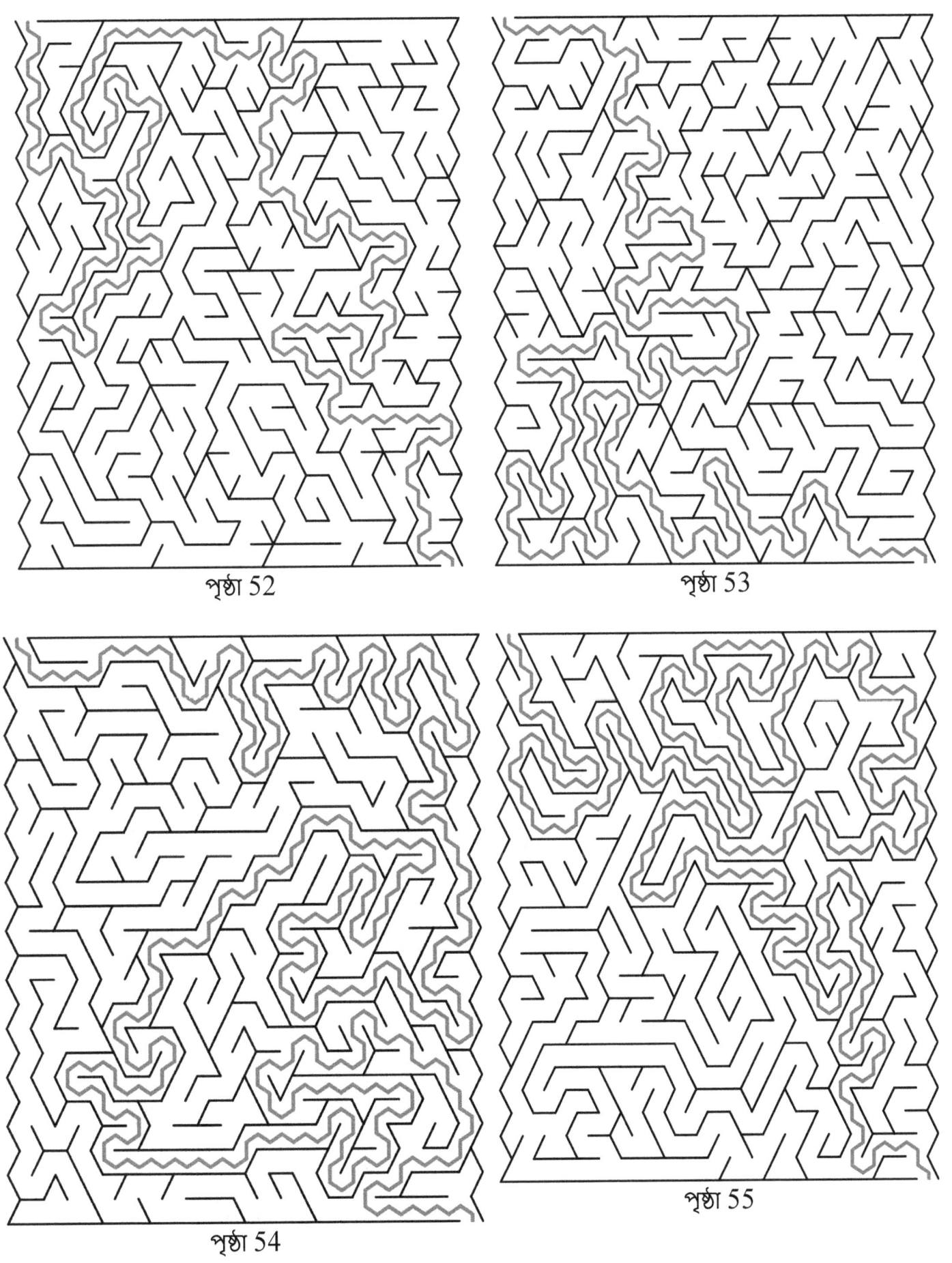

পৃষ্ঠা 56

পৃষ্ঠা 57

পৃষ্ঠা 58

পৃষ্ঠা 59

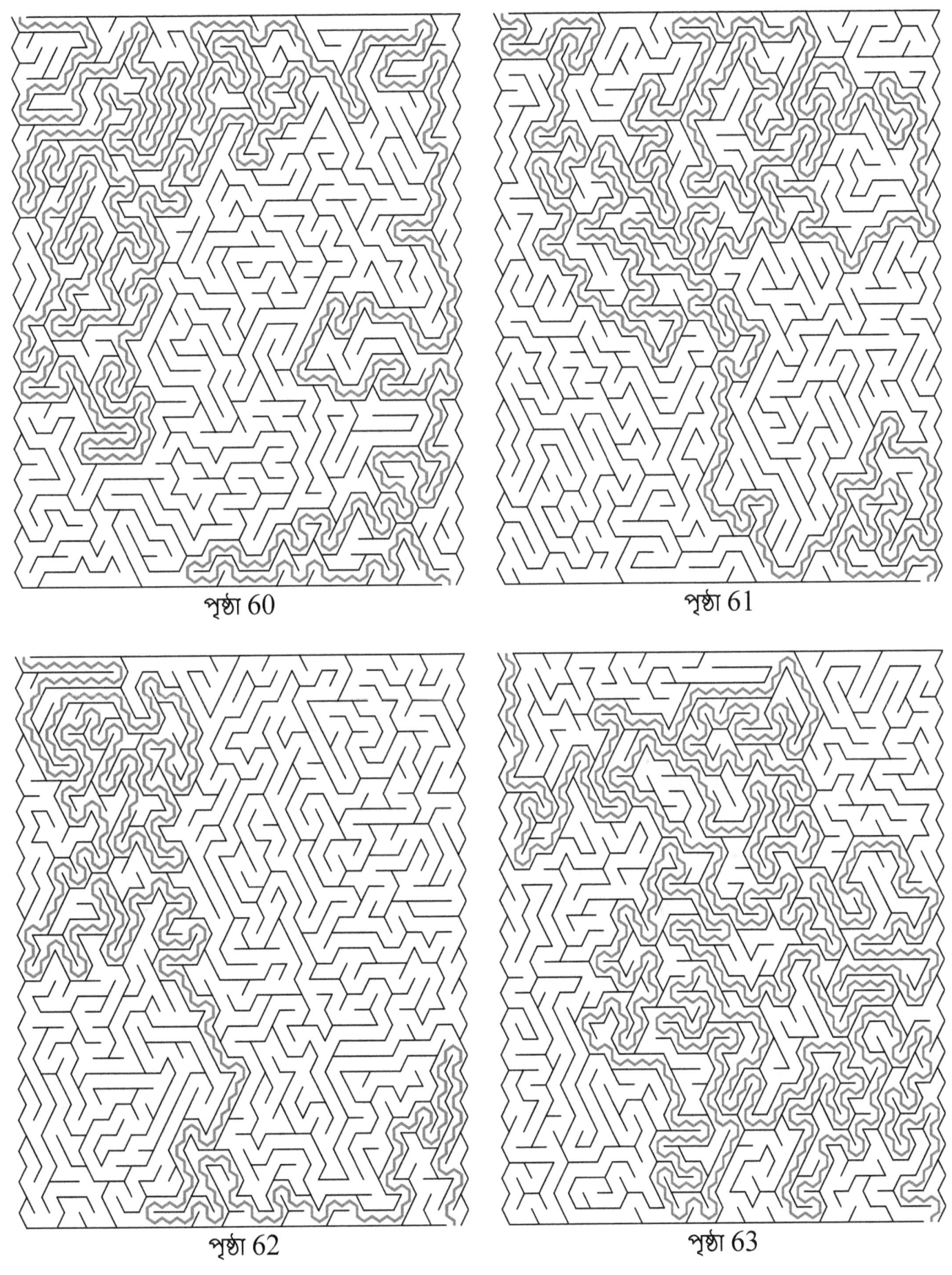

পৃষ্ঠা 60
পৃষ্ঠা 61
পৃষ্ঠা 62
পৃষ্ঠা 63

পৃষ্ঠা 64

পৃষ্ঠা 65

পৃষ্ঠা 66

পৃষ্ঠা 67

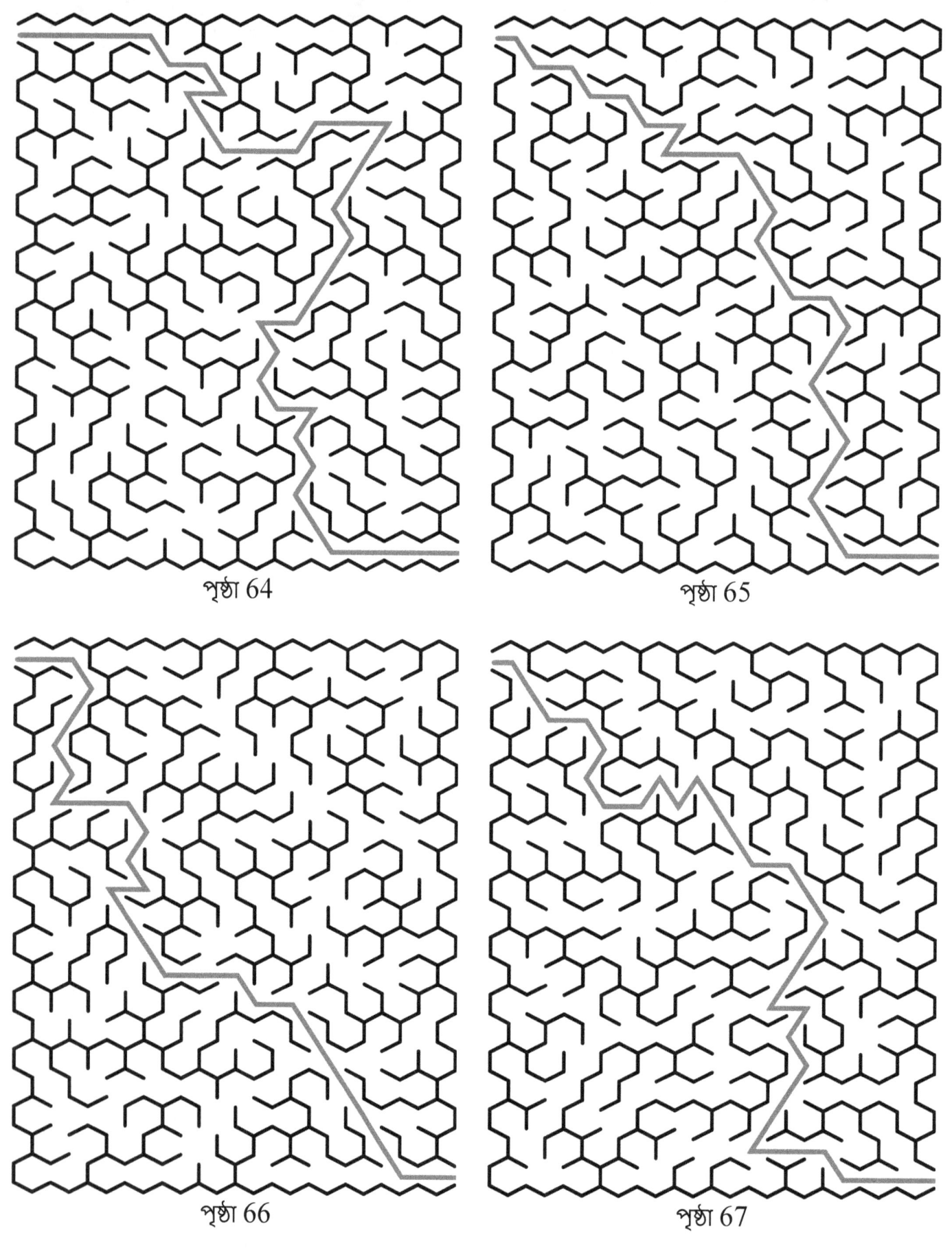

পৃষ্ঠা 68

পৃষ্ঠা 69

পৃষ্ঠা 70

পৃষ্ঠা 71

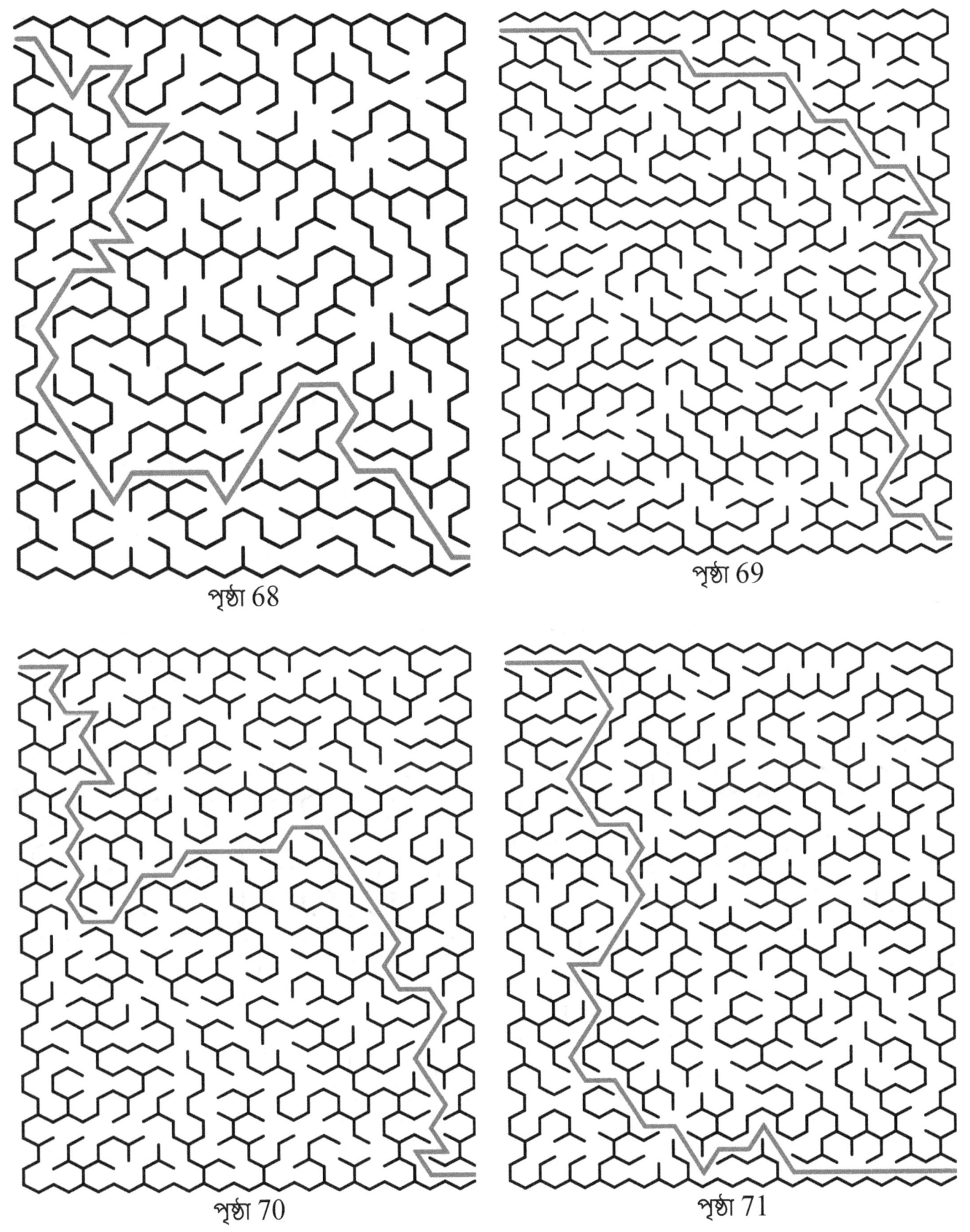

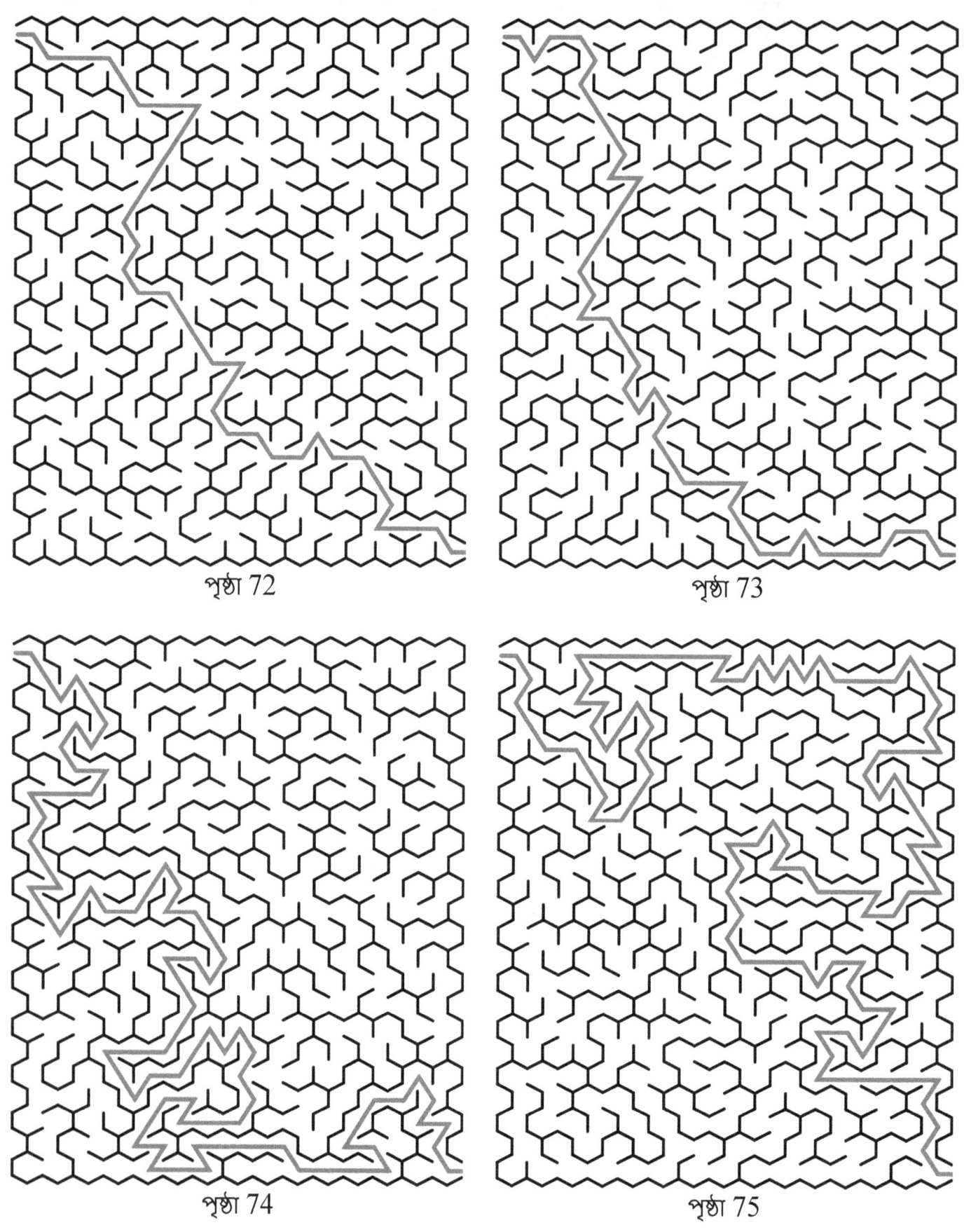

পৃষ্ঠা 72 পৃষ্ঠা 73

পৃষ্ঠা 74 পৃষ্ঠা 75

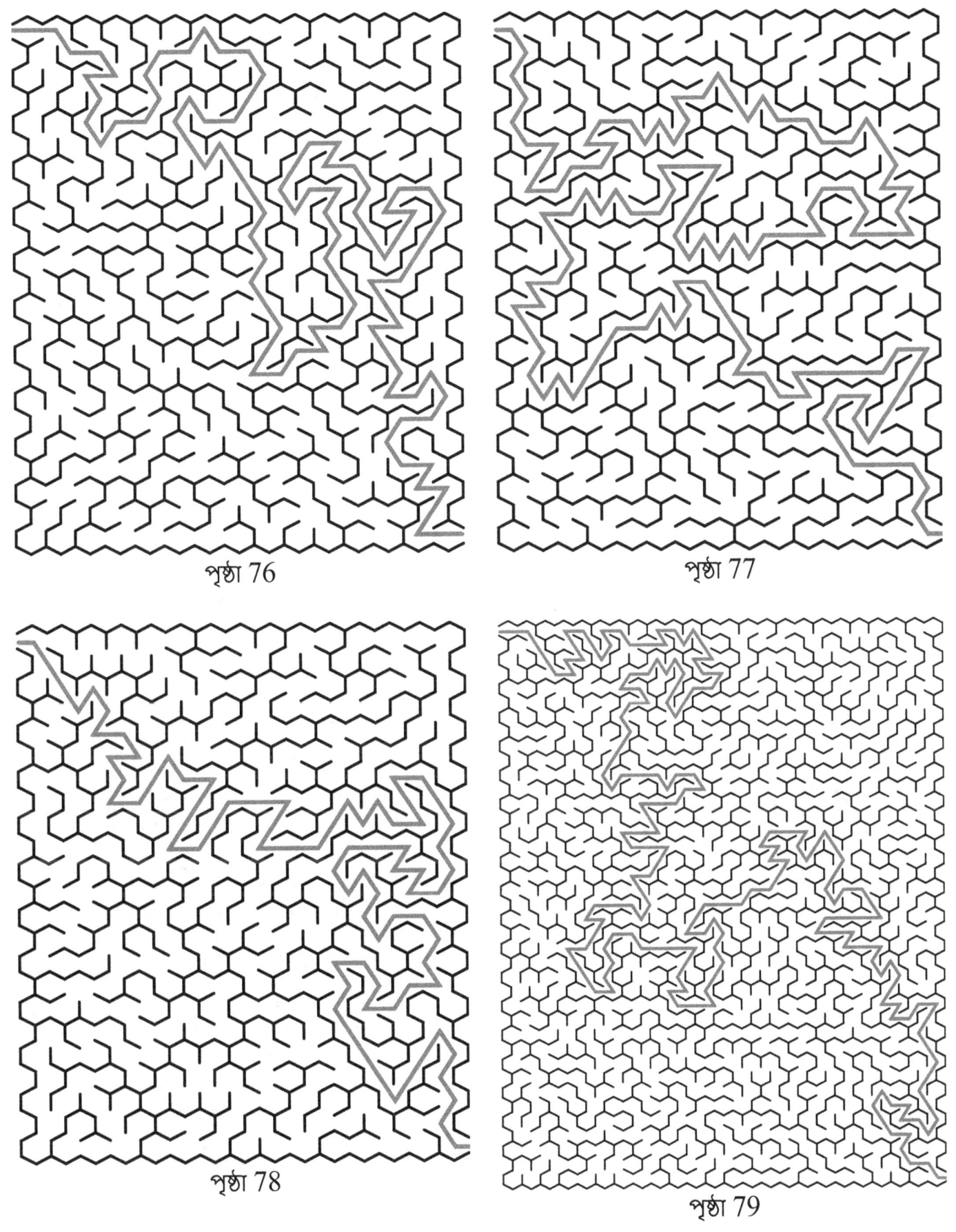

পৃষ্ঠা 76

পৃষ্ঠা 77

পৃষ্ঠা 78

পৃষ্ঠা 79

পৃষ্ঠা 80

পৃষ্ঠা 81

পৃষ্ঠা 82

পৃষ্ঠা 83

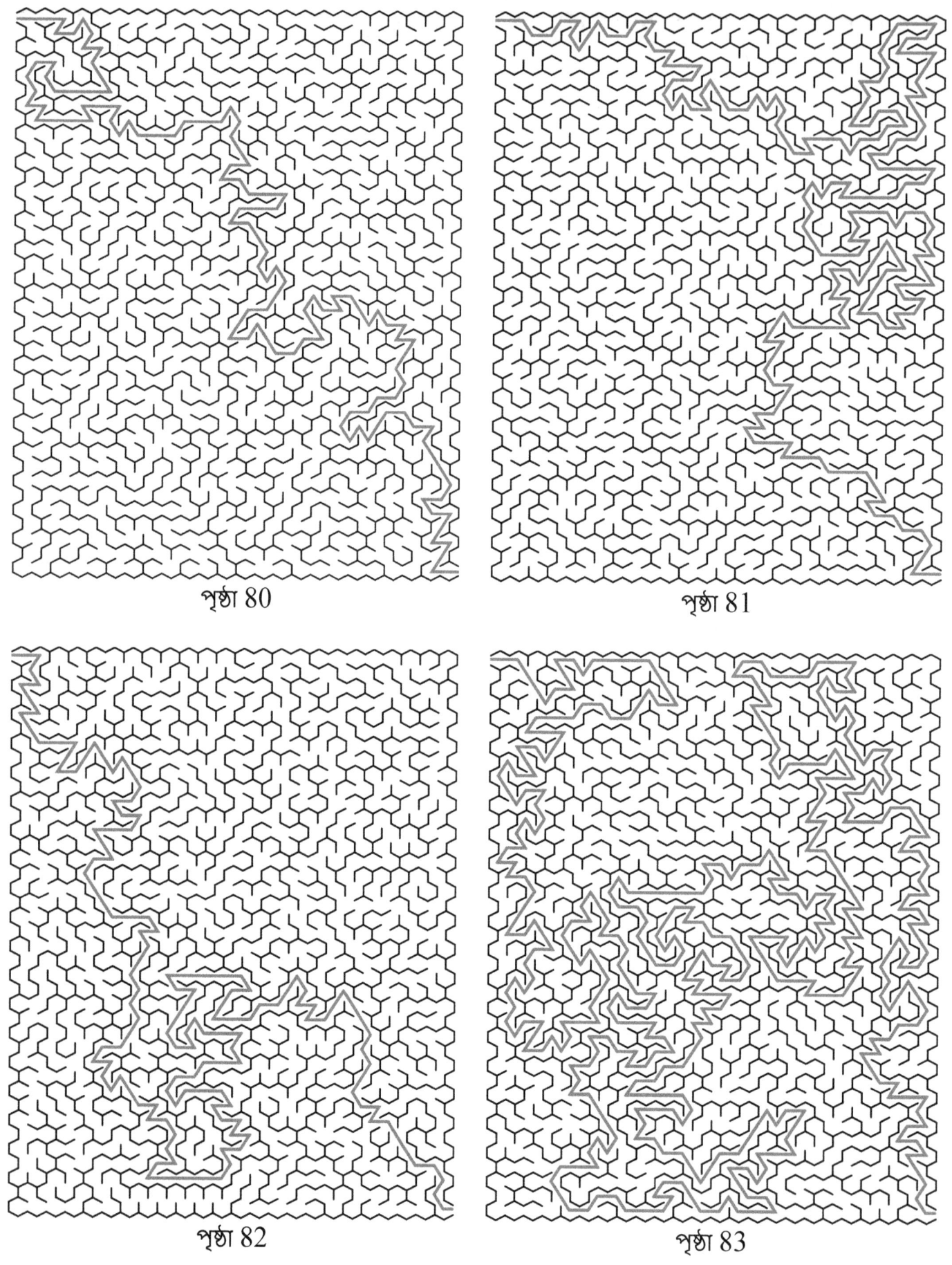

পৃষ্ঠা 84

পৃষ্ঠা 85

পৃষ্ঠা 86

পৃষ্ঠা 87

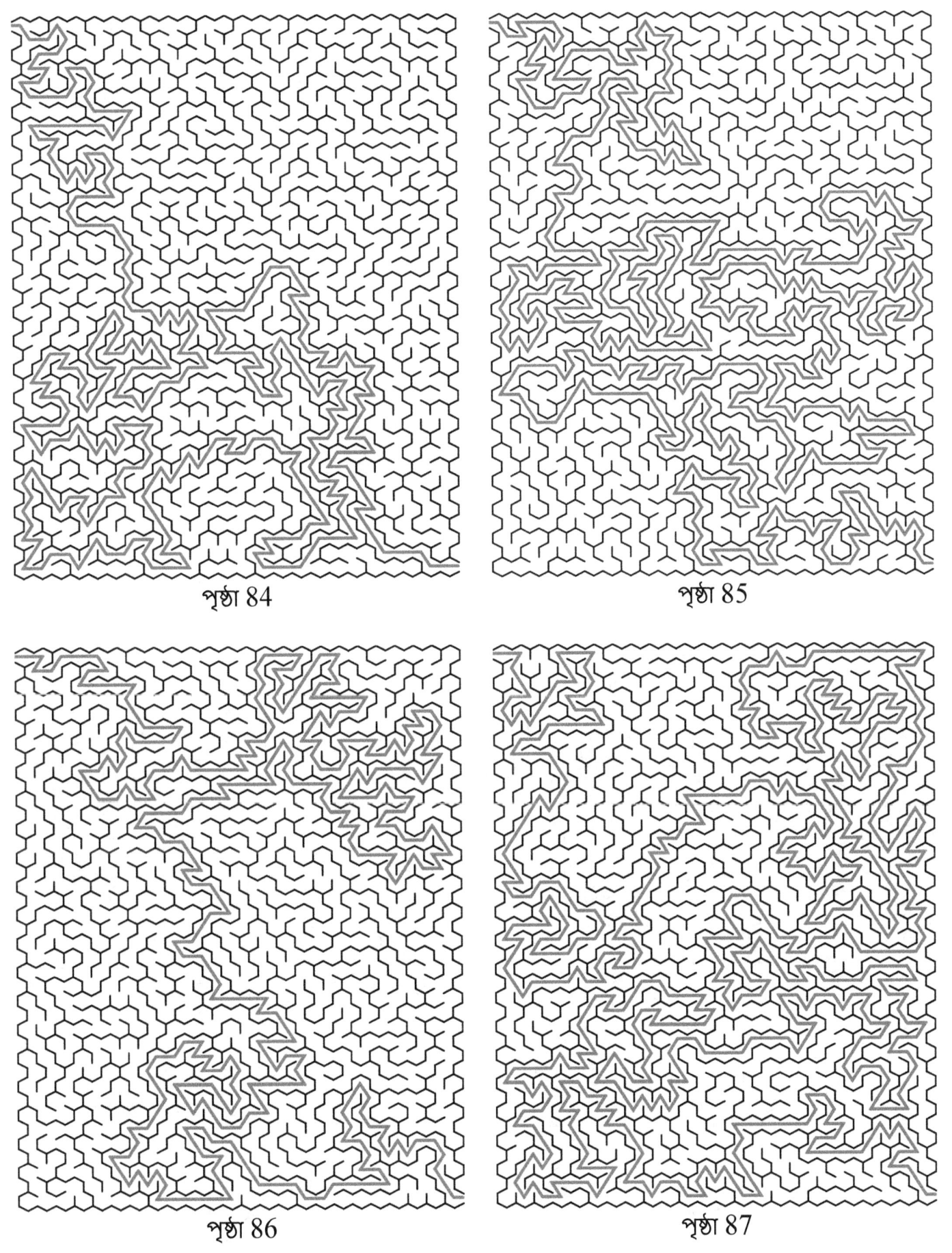

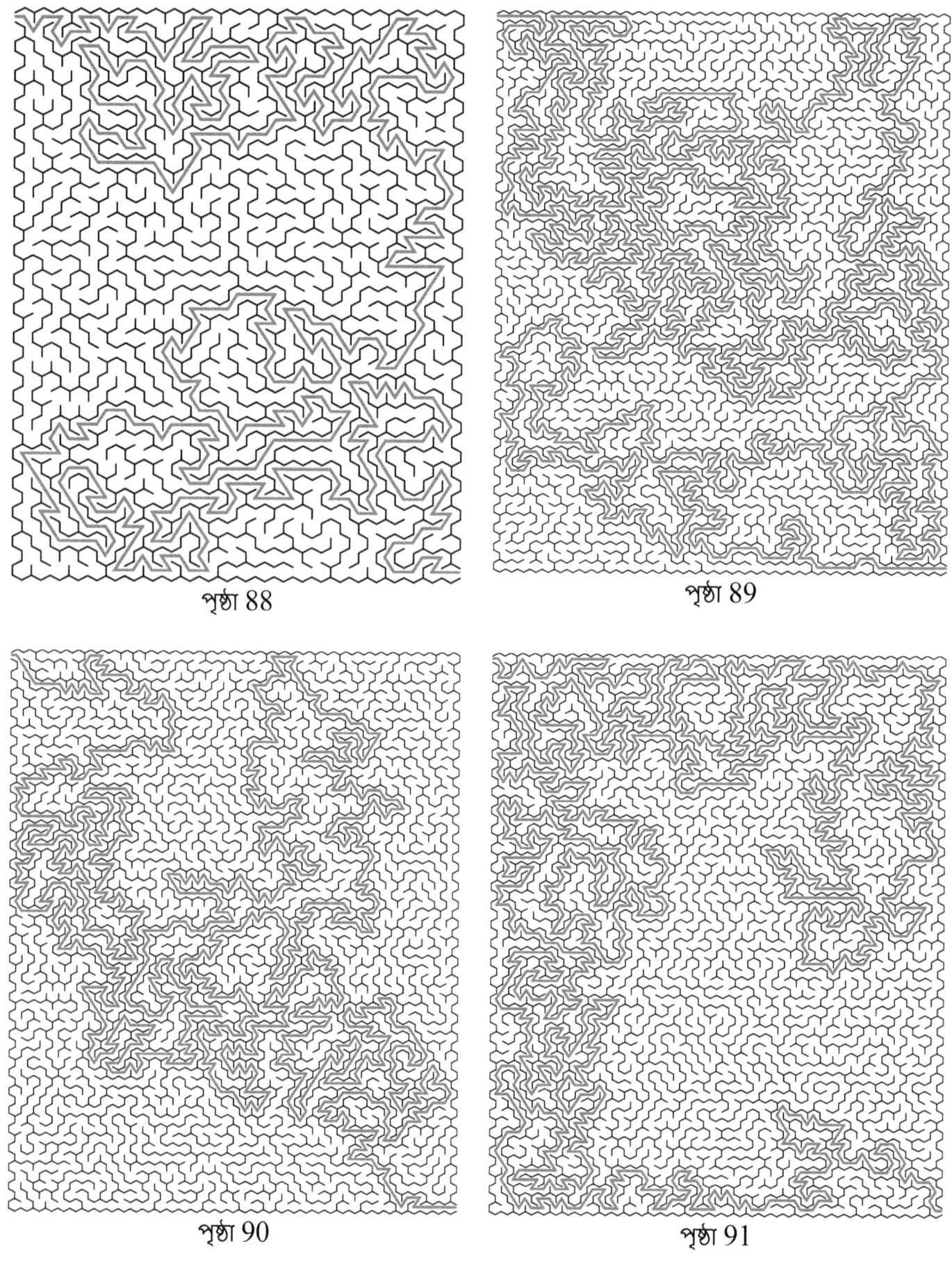

পৃষ্ঠা 88

পৃষ্ঠা 89

পৃষ্ঠা 90

পৃষ্ঠা 91

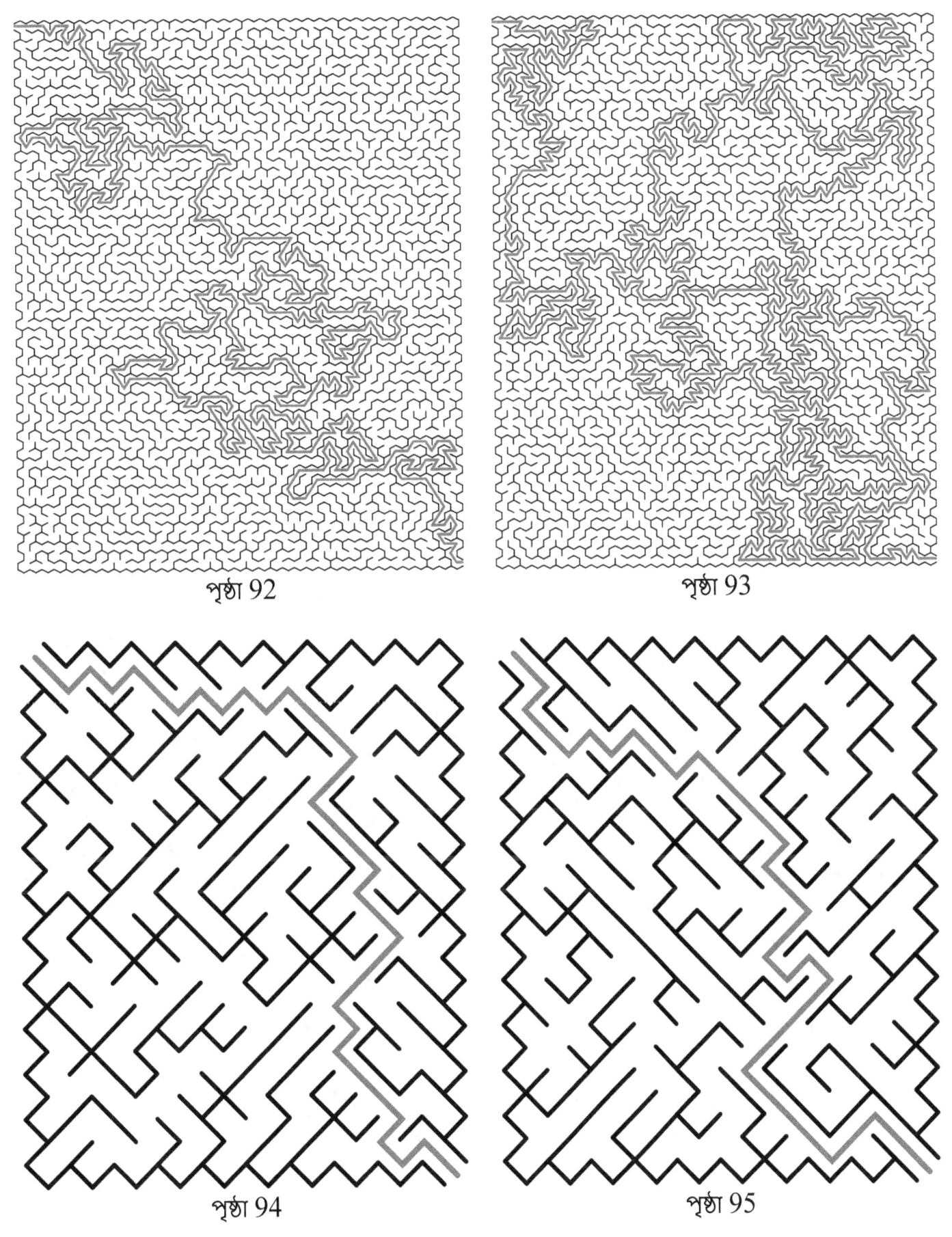

পৃষ্ঠা 92

পৃষ্ঠা 93

পৃষ্ঠা 94

পৃষ্ঠা 95

পৃষ্ঠা 96

পৃষ্ঠা 97

পৃষ্ঠা 98

পৃষ্ঠা 99

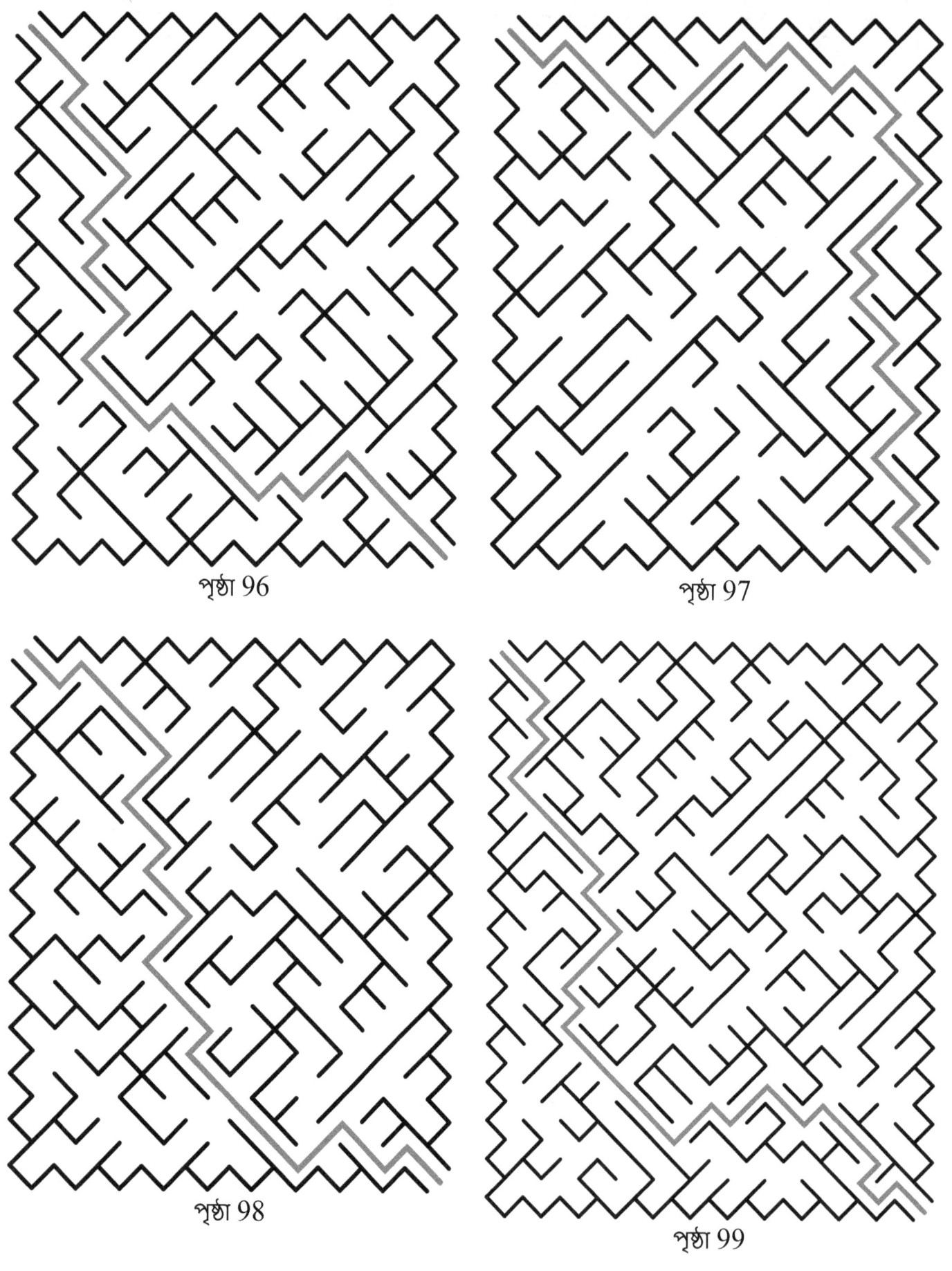

পৃষ্ঠা 100

পৃষ্ঠা 101

পৃষ্ঠা 102

পৃষ্ঠা 103

পৃষ্ঠা 104

পৃষ্ঠা 105

পৃষ্ঠা 106

পৃষ্ঠা 107

কপিরাইট ২০২৫ ডেভিড ই. ম্যাকঅ্যাডামস। সর্বস্বত্ব সংরক্ষিত।

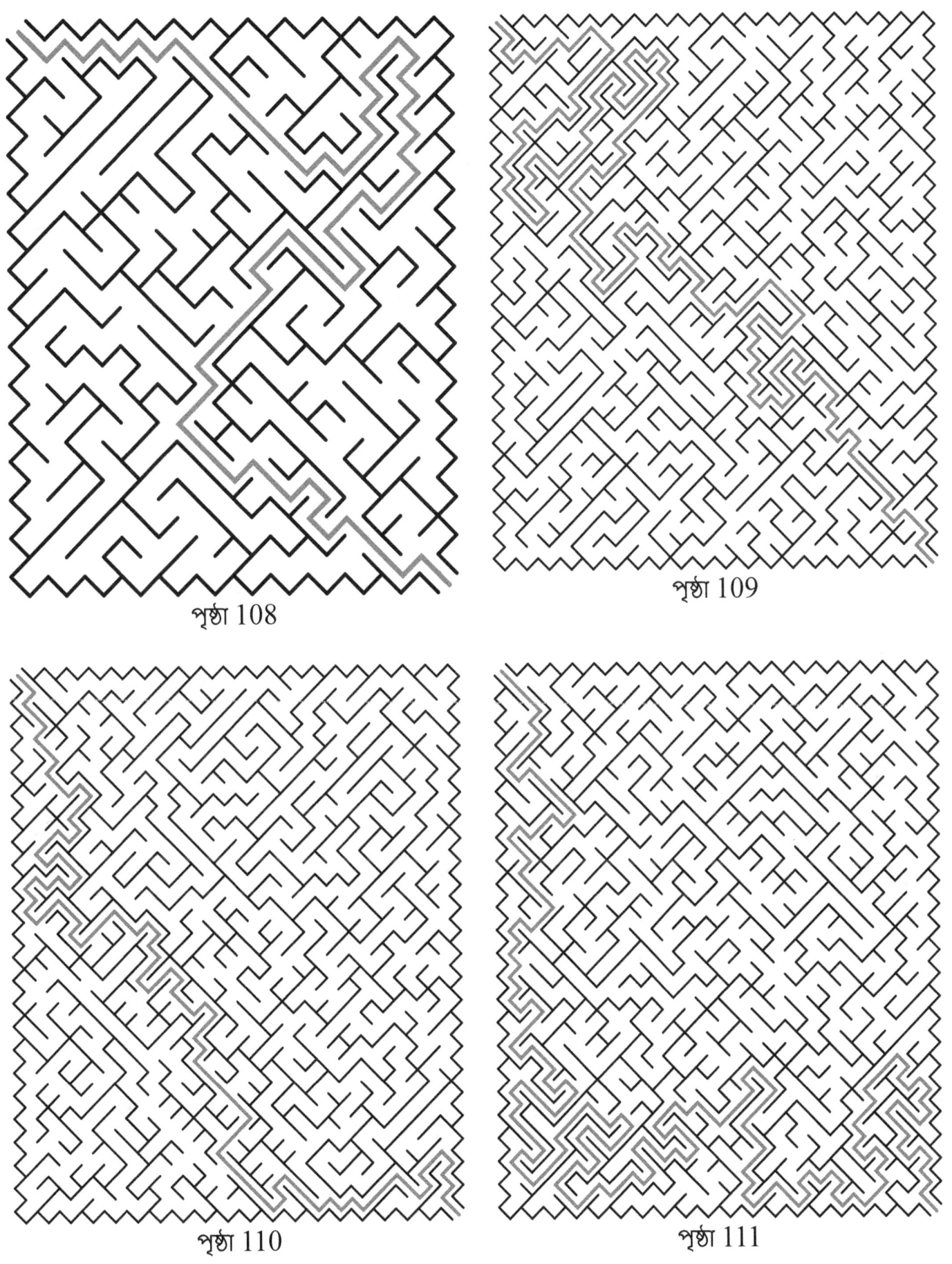

পৃষ্ঠা 108

পৃষ্ঠা 109

পৃষ্ঠা 110

পৃষ্ঠা 111

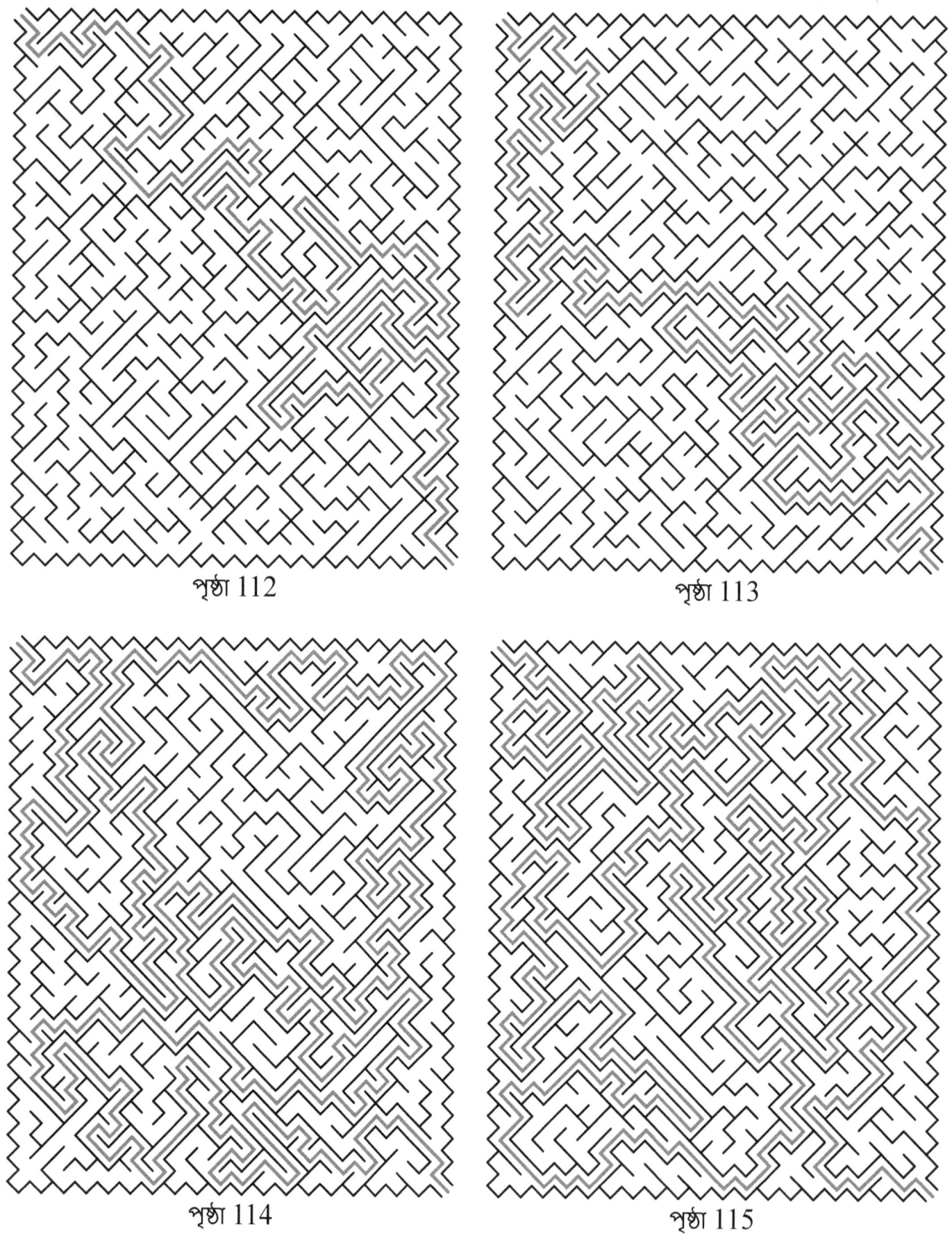

পৃষ্ঠা 112

পৃষ্ঠা 113

পৃষ্ঠা 114

পৃষ্ঠা 115

পৃষ্ঠা 116

পৃষ্ঠা 117

পৃষ্ঠা 118

পৃষ্ঠা 119

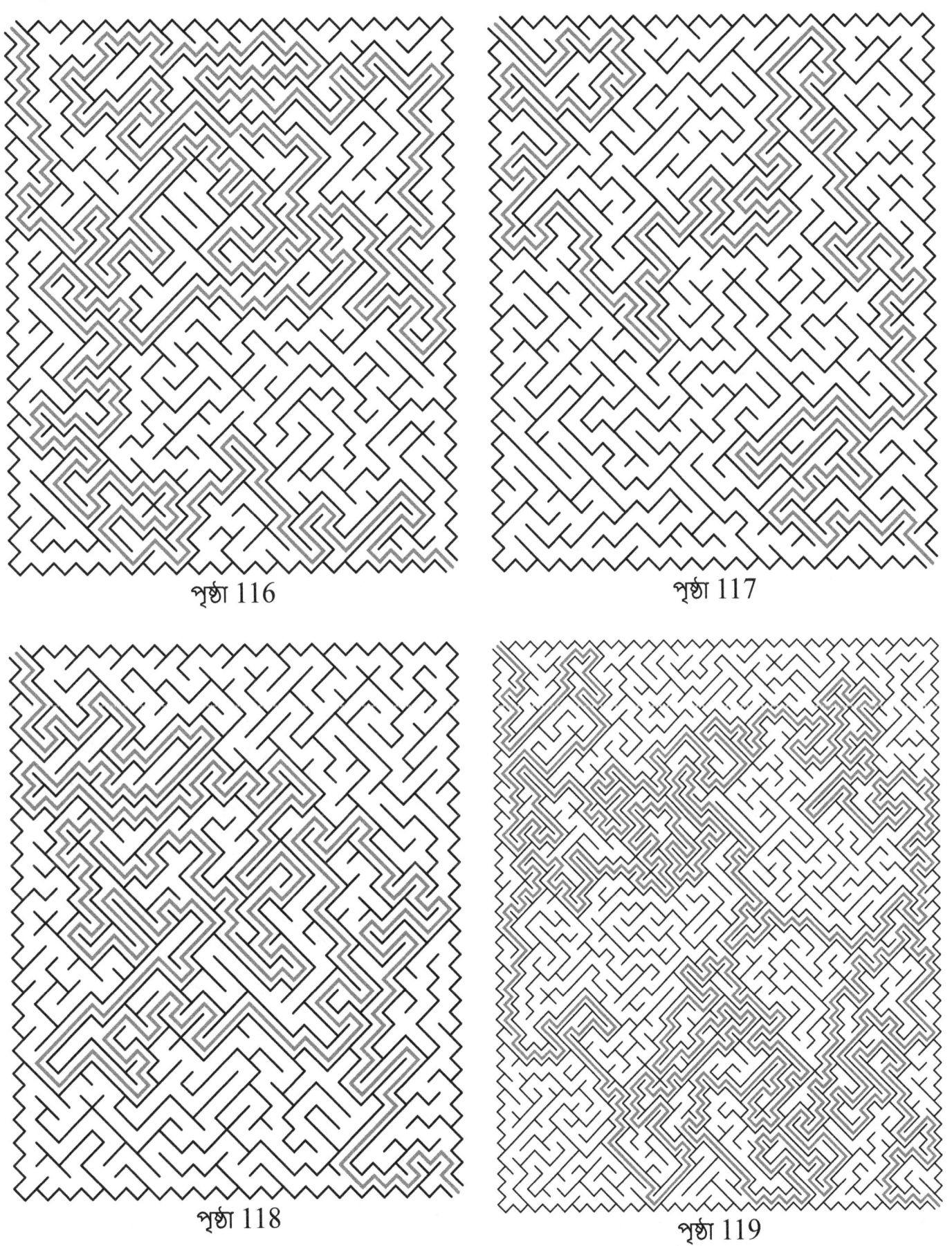

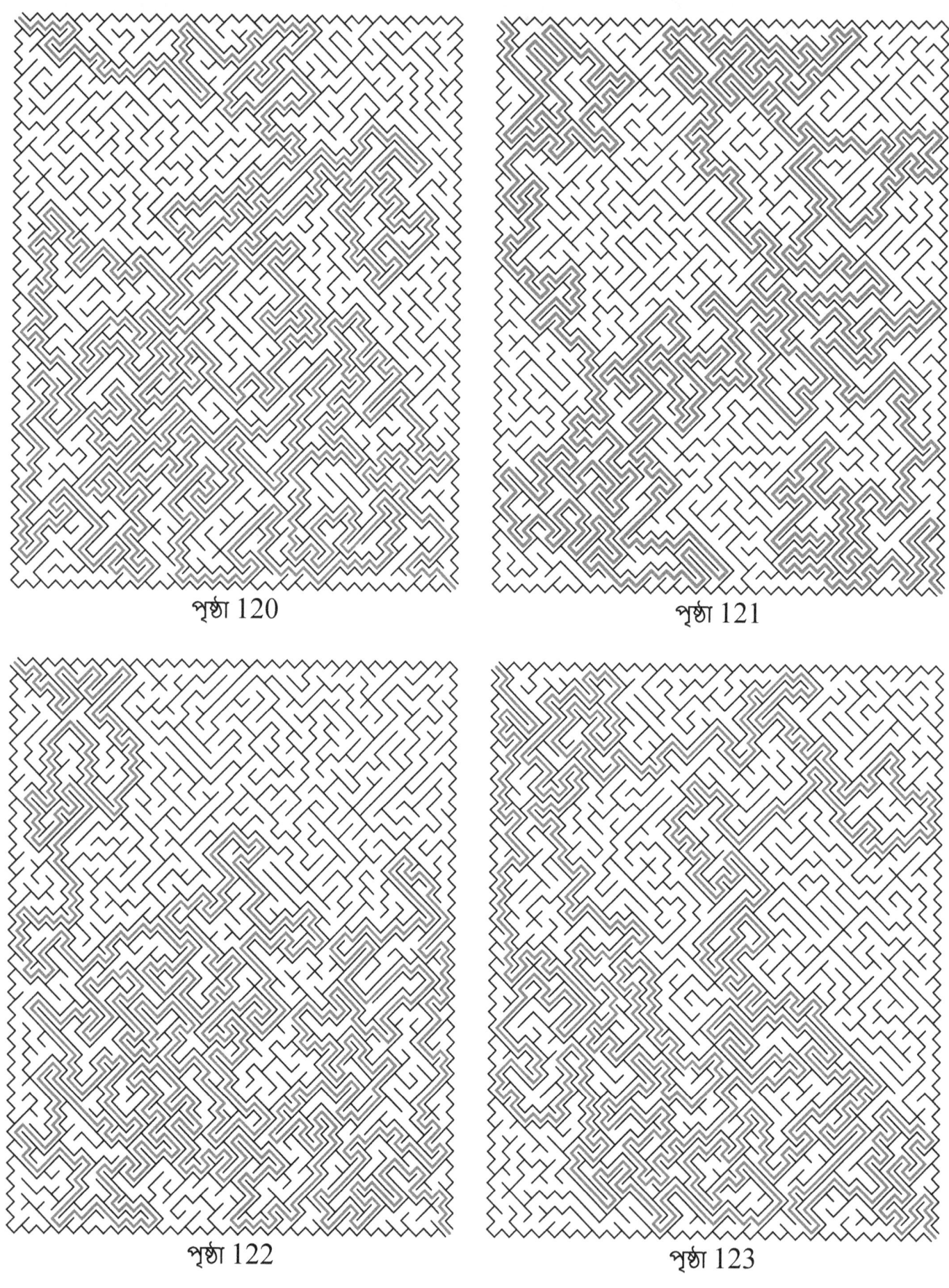

পৃষ্ঠা 120

পৃষ্ঠা 121

পৃষ্ঠা 122

পৃষ্ঠা 123

পৃষ্ঠা 124

পৃষ্ঠা 125

পৃষ্ঠা 126

পৃষ্ঠা 127

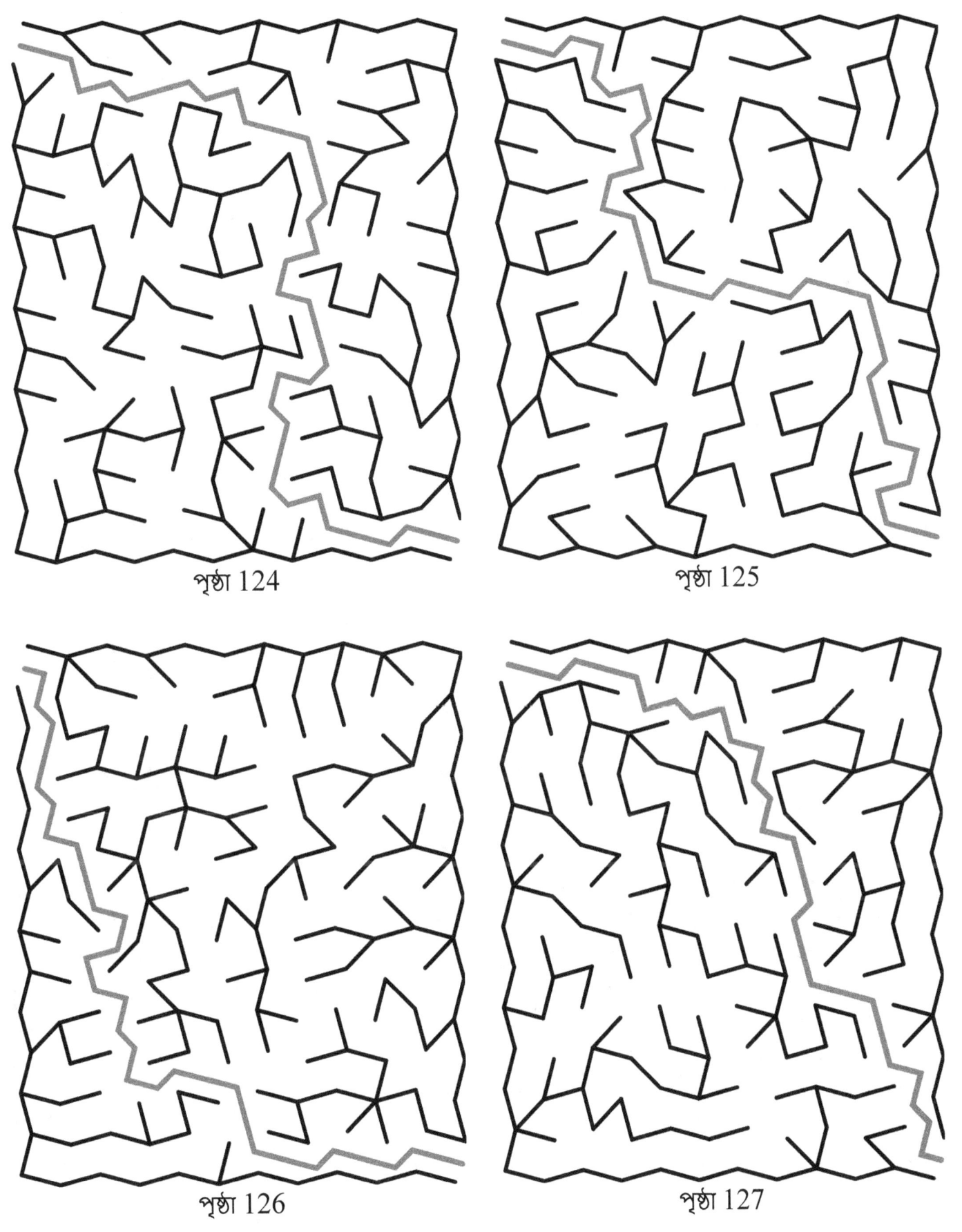

পৃষ্ঠা 128

পৃষ্ঠা 129

পৃষ্ঠা 130

পৃষ্ঠা 131

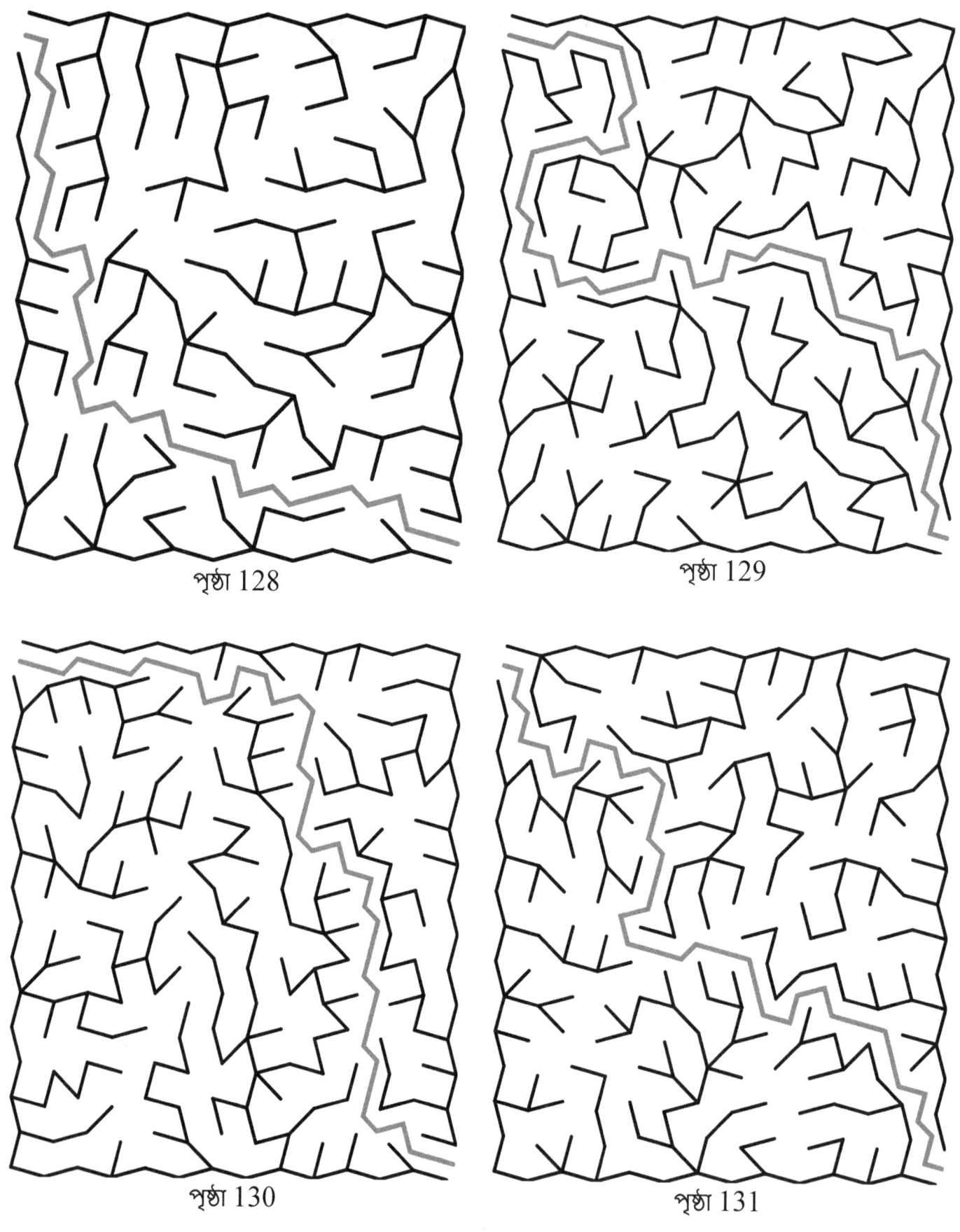

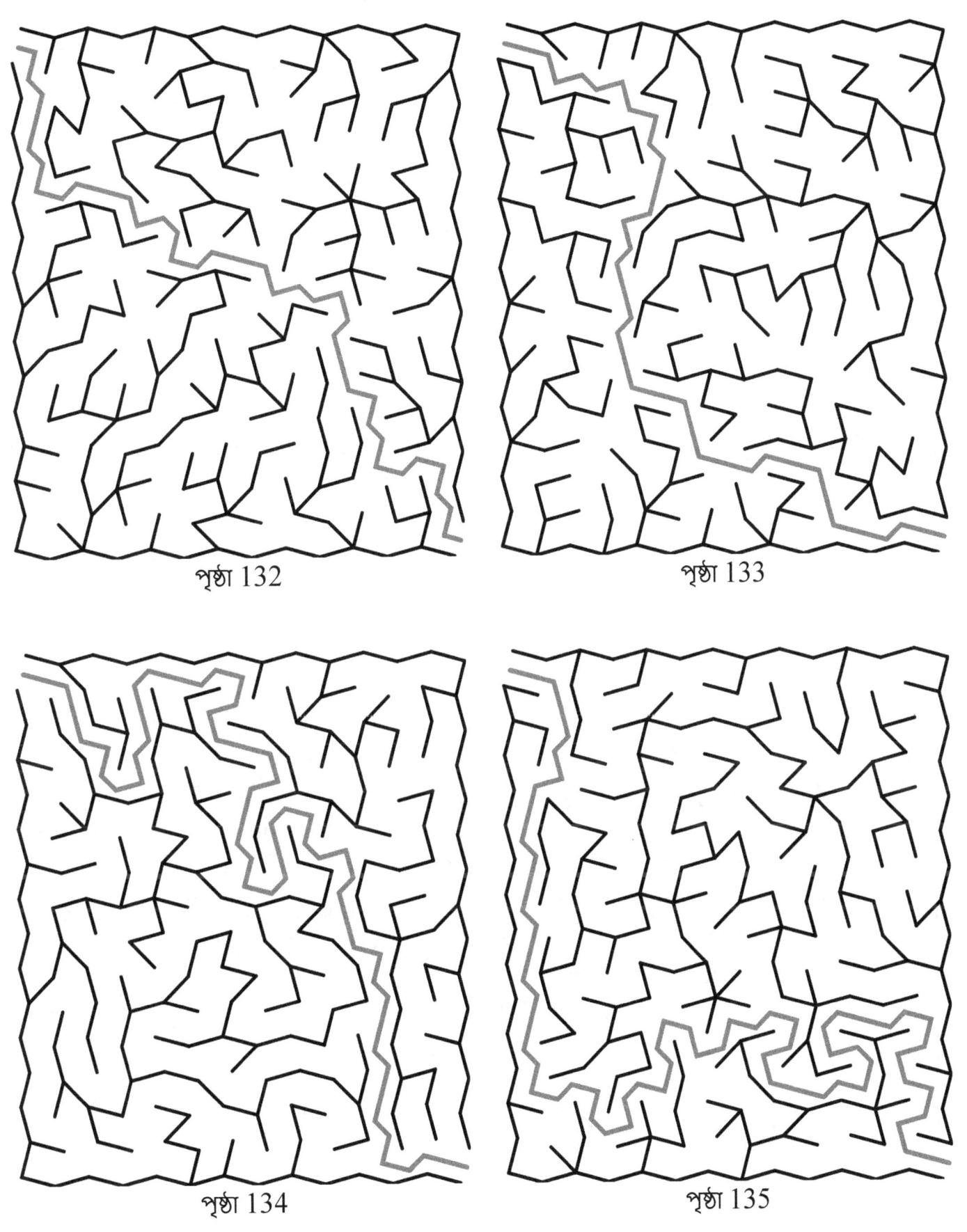

পৃষ্ঠা 132

পৃষ্ঠা 133

পৃষ্ঠা 134

পৃষ্ঠা 135

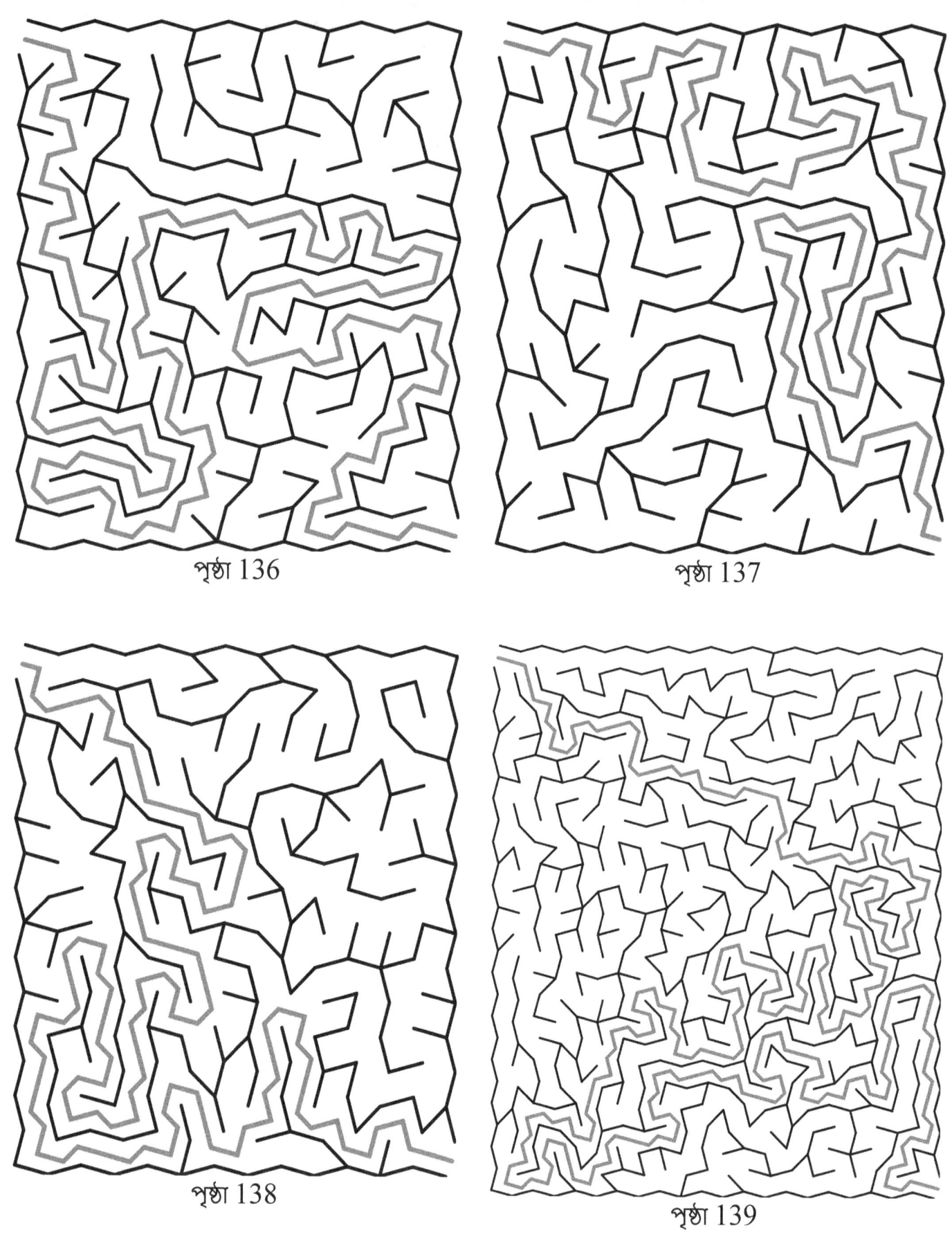

পৃষ্ঠা 136

পৃষ্ঠা 137

পৃষ্ঠা 138

পৃষ্ঠা 139

পৃষ্ঠা 140

পৃষ্ঠা 141

পৃষ্ঠা 142

পৃষ্ঠা 143

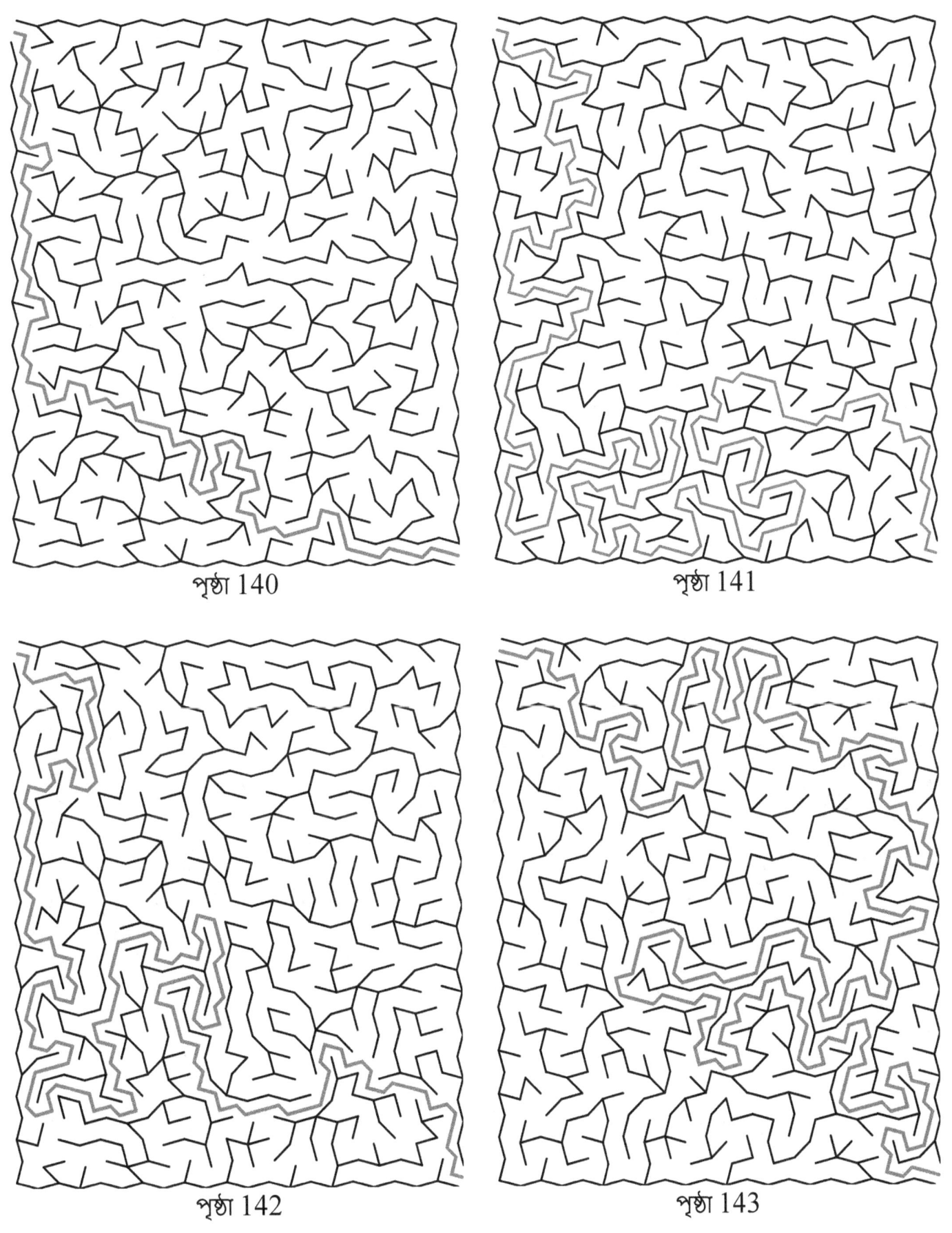

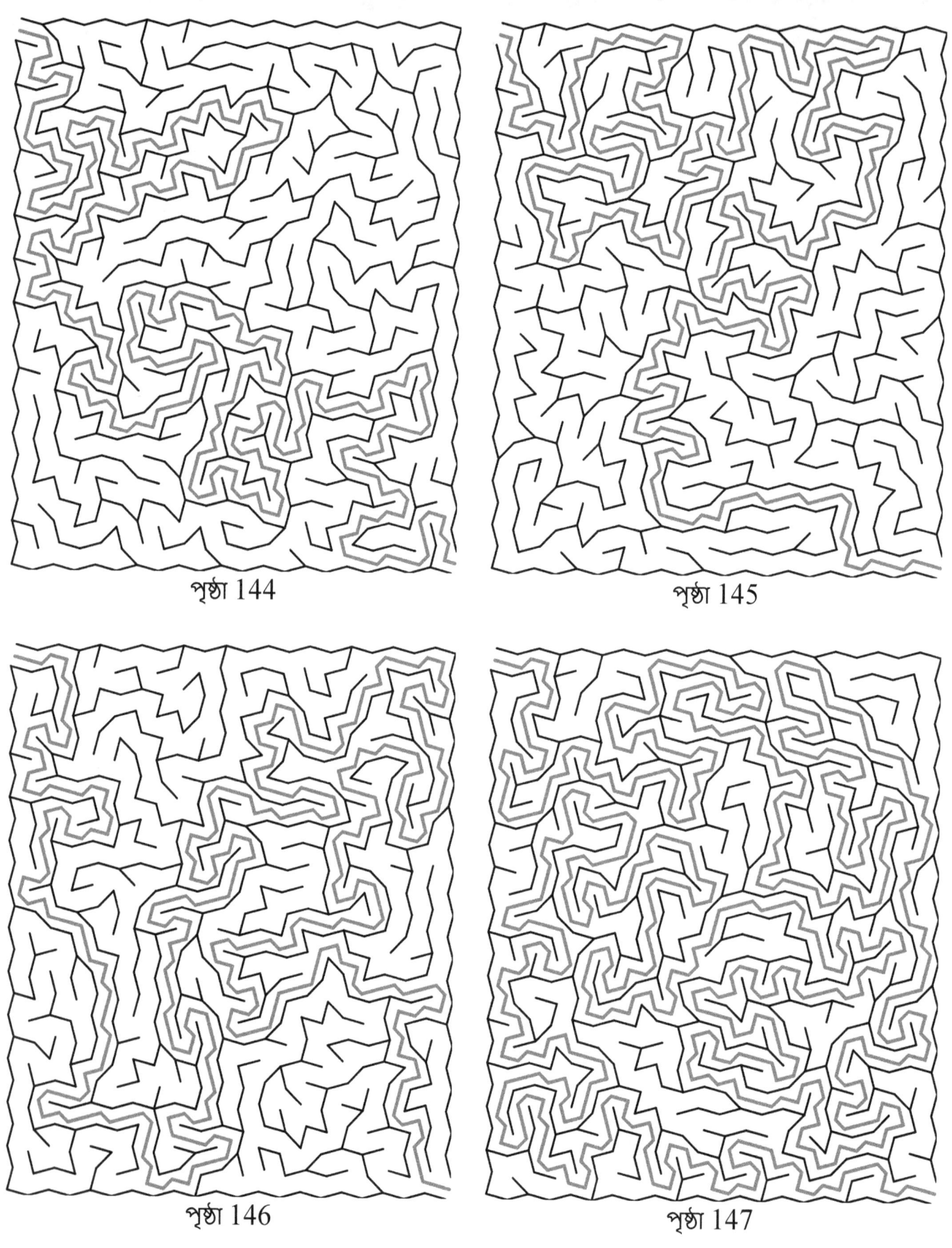

পৃষ্ঠা 144 পৃষ্ঠা 145 পৃষ্ঠা 146 পৃষ্ঠা 147

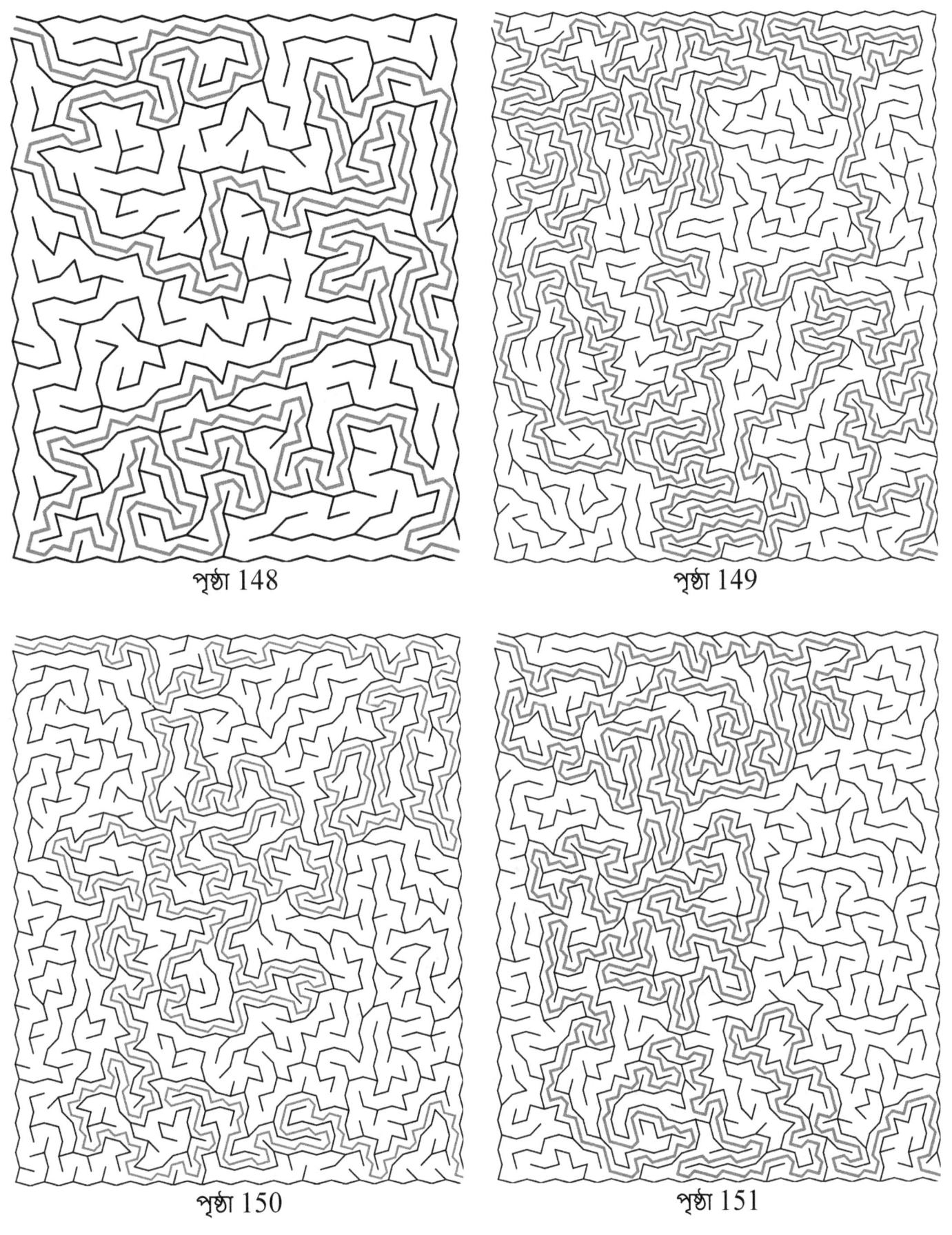

পৃষ্ঠা 148

পৃষ্ঠা 149

পৃষ্ঠা 150

পৃষ্ঠা 151

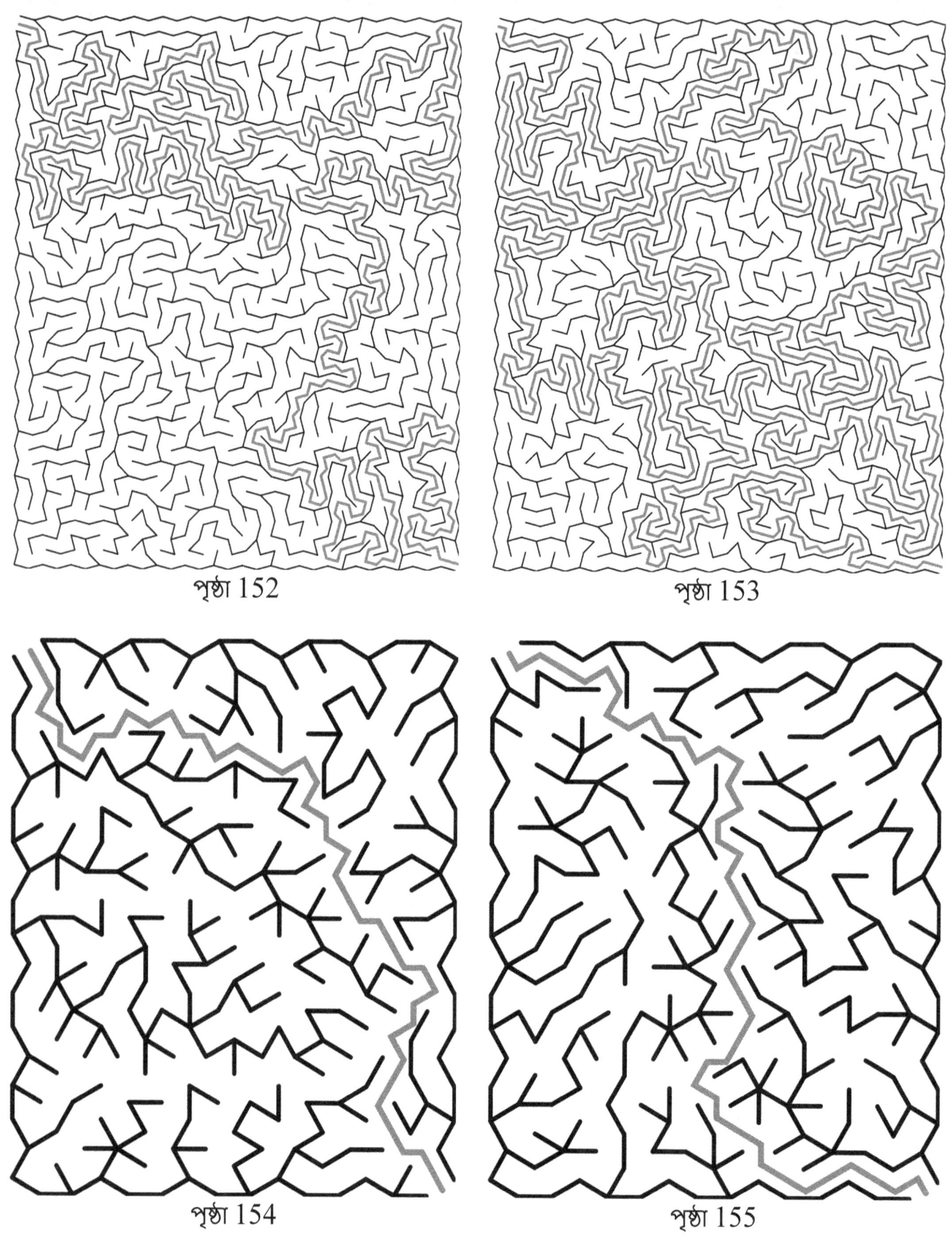

পৃষ্ঠা 152

পৃষ্ঠা 153

পৃষ্ঠা 154

পৃষ্ঠা 155

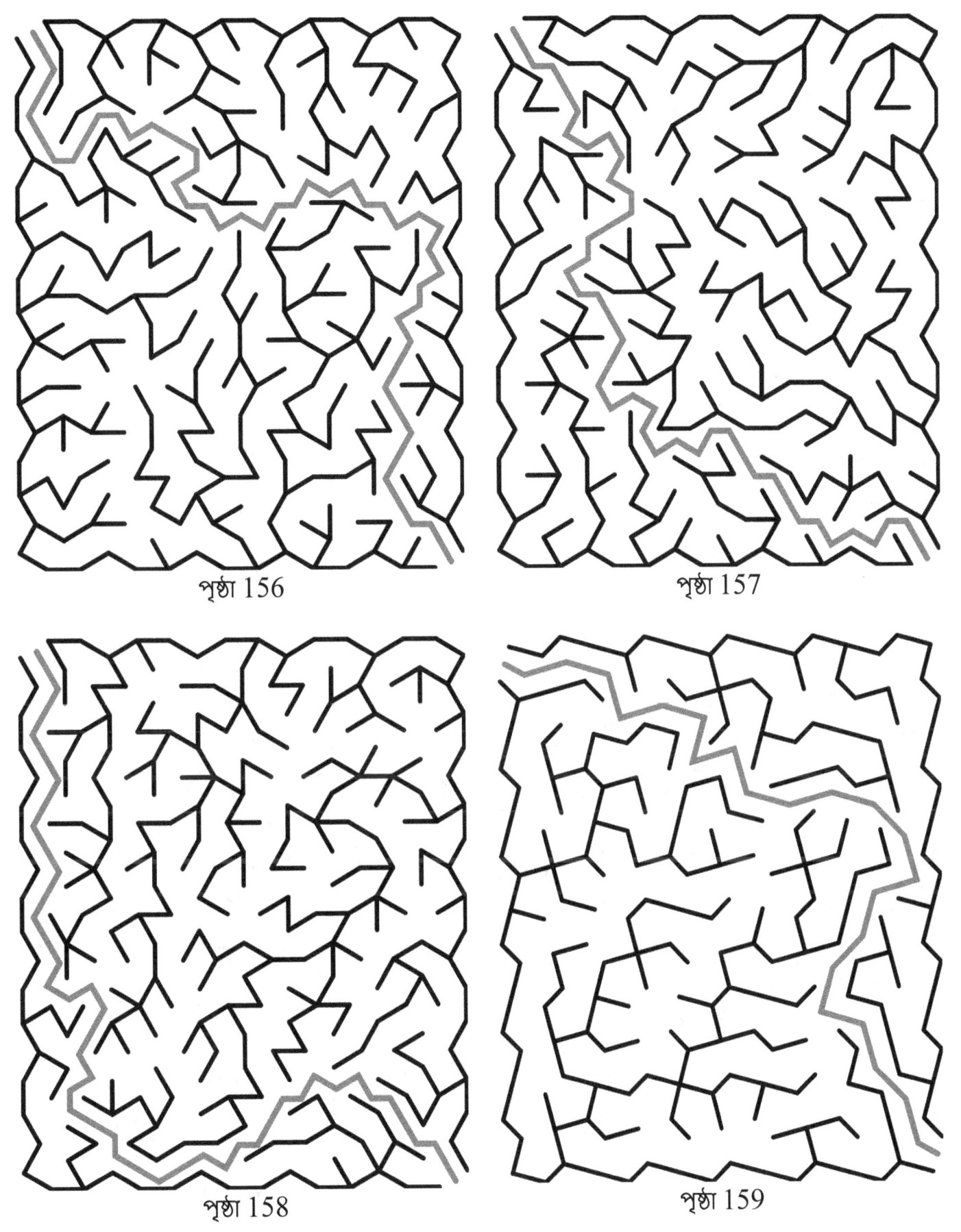

পৃষ্ঠা 156   পৃষ্ঠা 157

পৃষ্ঠা 158   পৃষ্ঠা 159

পৃষ্ঠা 160

পৃষ্ঠা 161

পৃষ্ঠা 162

পৃষ্ঠা 163

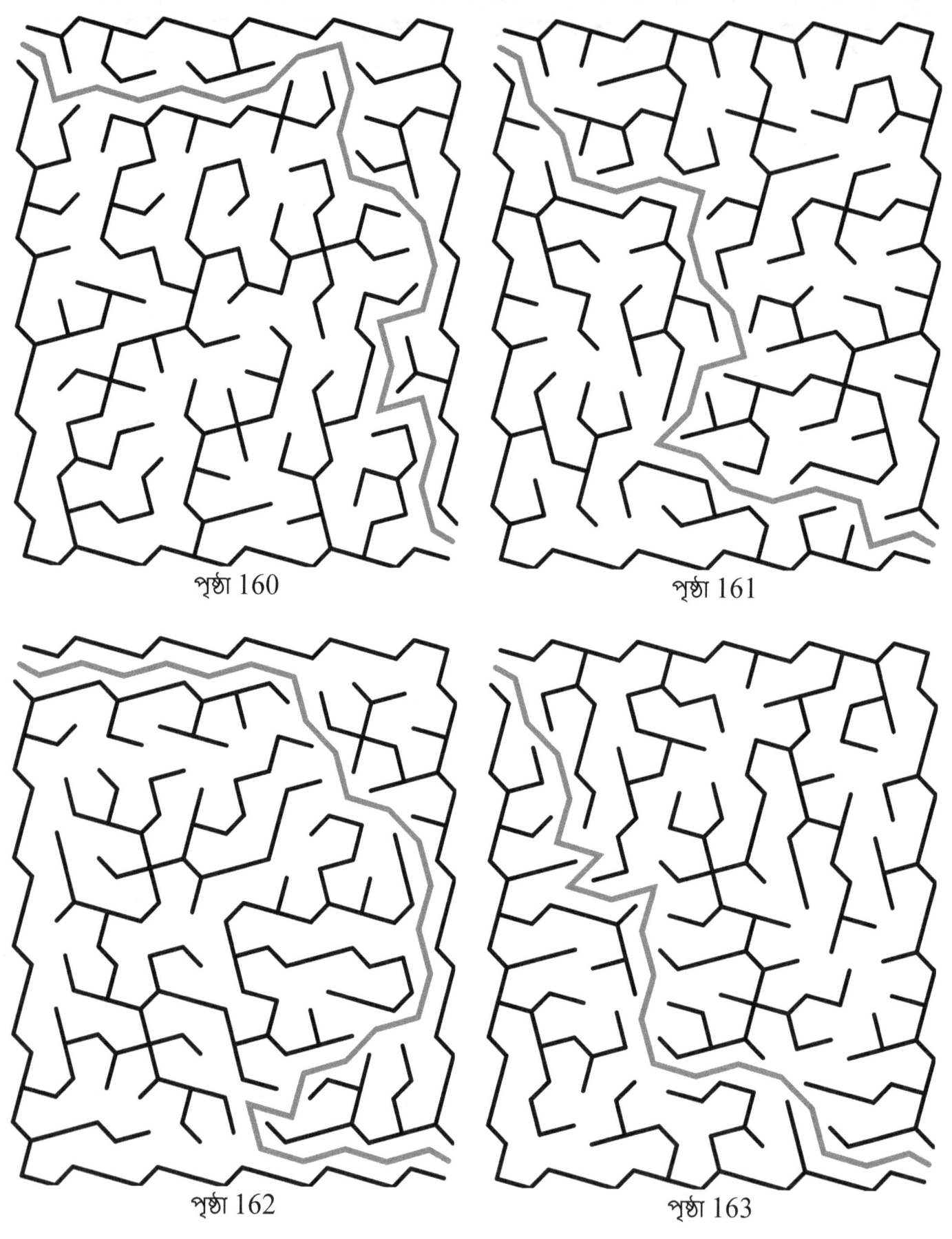

পৃষ্ঠা 164

পৃষ্ঠা 165

পৃষ্ঠা 166

পৃষ্ঠা 167

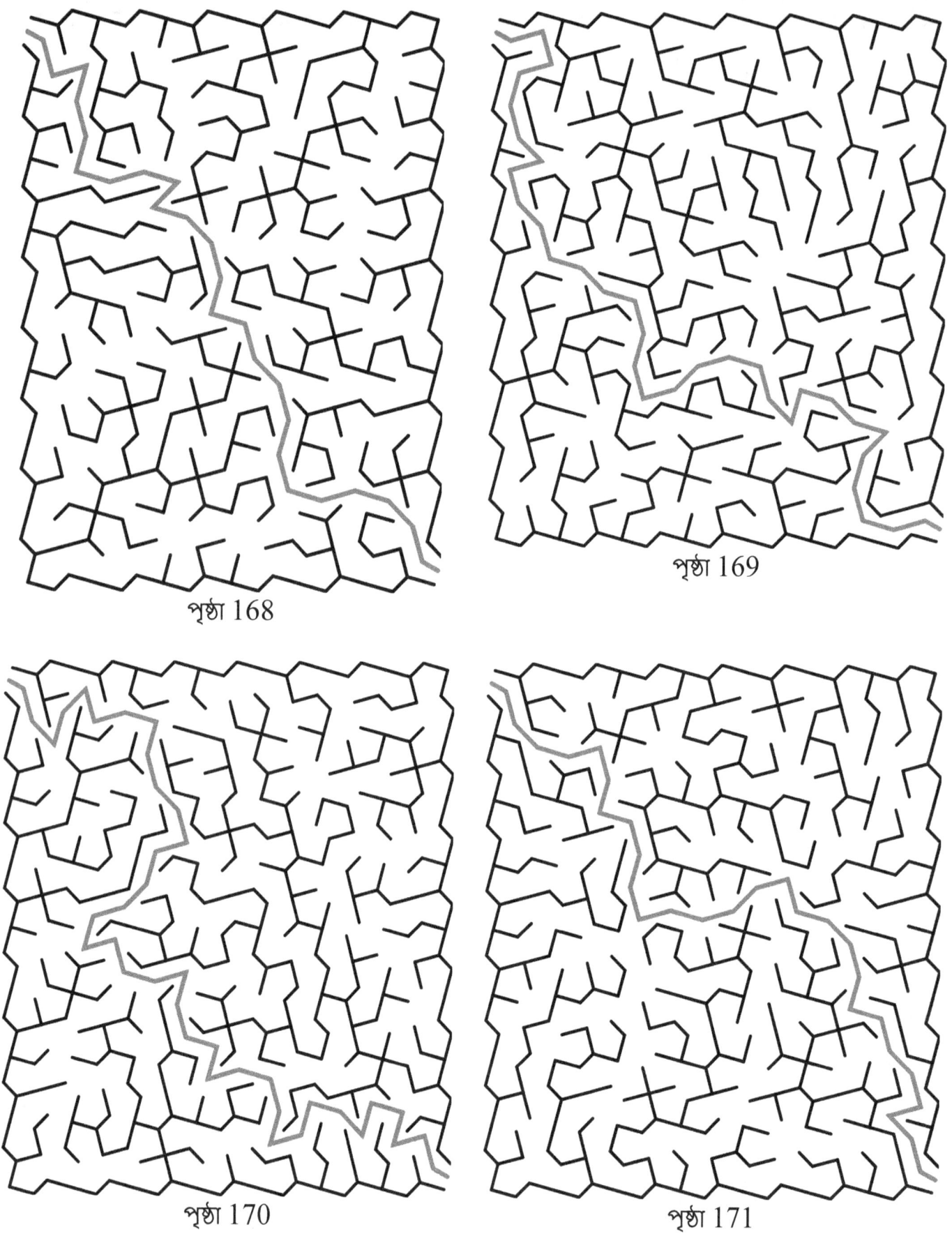

পৃষ্ঠা 168

পৃষ্ঠা 169

পৃষ্ঠা 170

পৃষ্ঠা 171

পৃষ্ঠা 172

পৃষ্ঠা 173

পৃষ্ঠা 174

পৃষ্ঠা 175

পৃষ্ঠা 176

পৃষ্ঠা 177

পৃষ্ঠা 178

পৃষ্ঠা 179

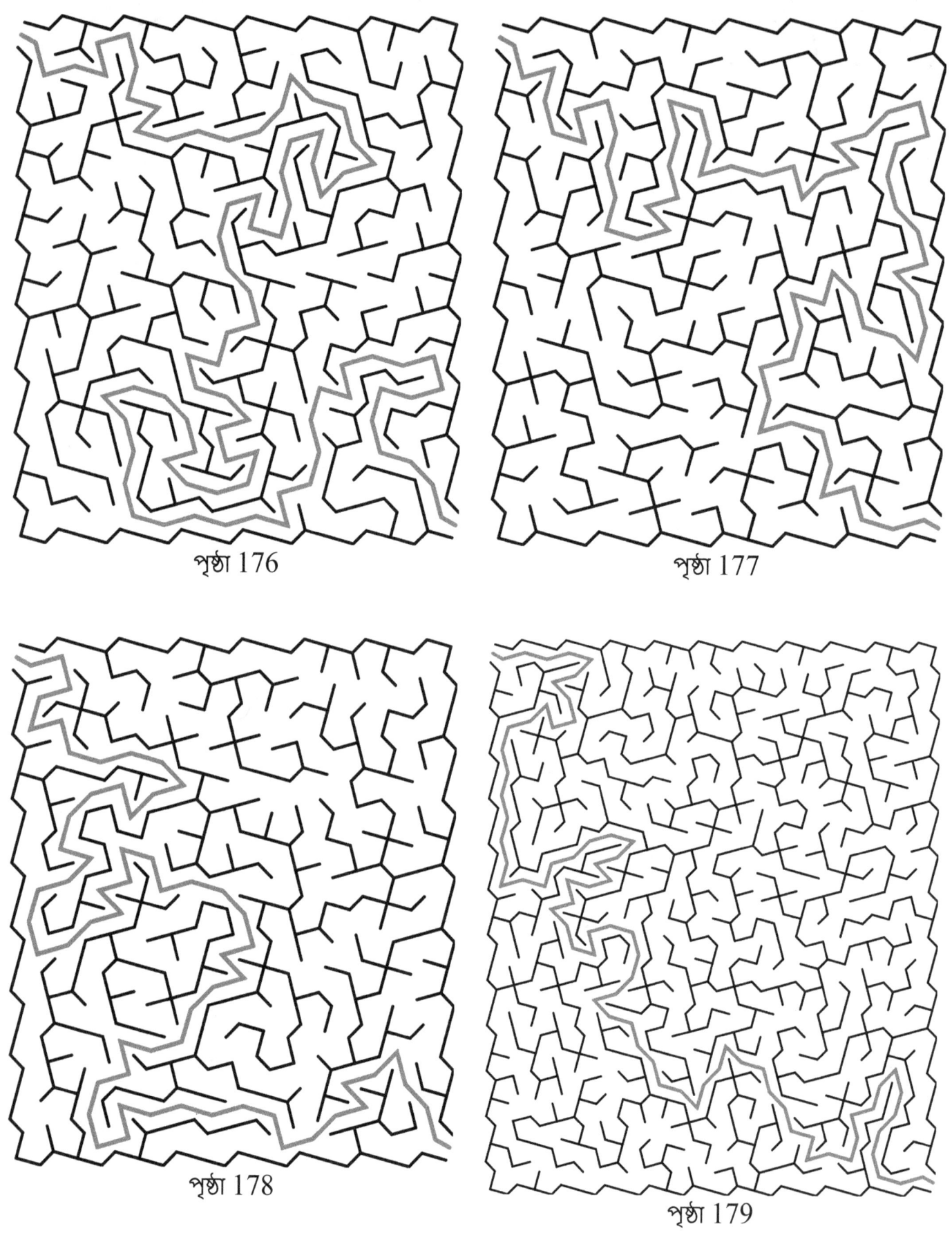

পৃষ্ঠা 180

পৃষ্ঠা 181

পৃষ্ঠা 182

পৃষ্ঠা 183

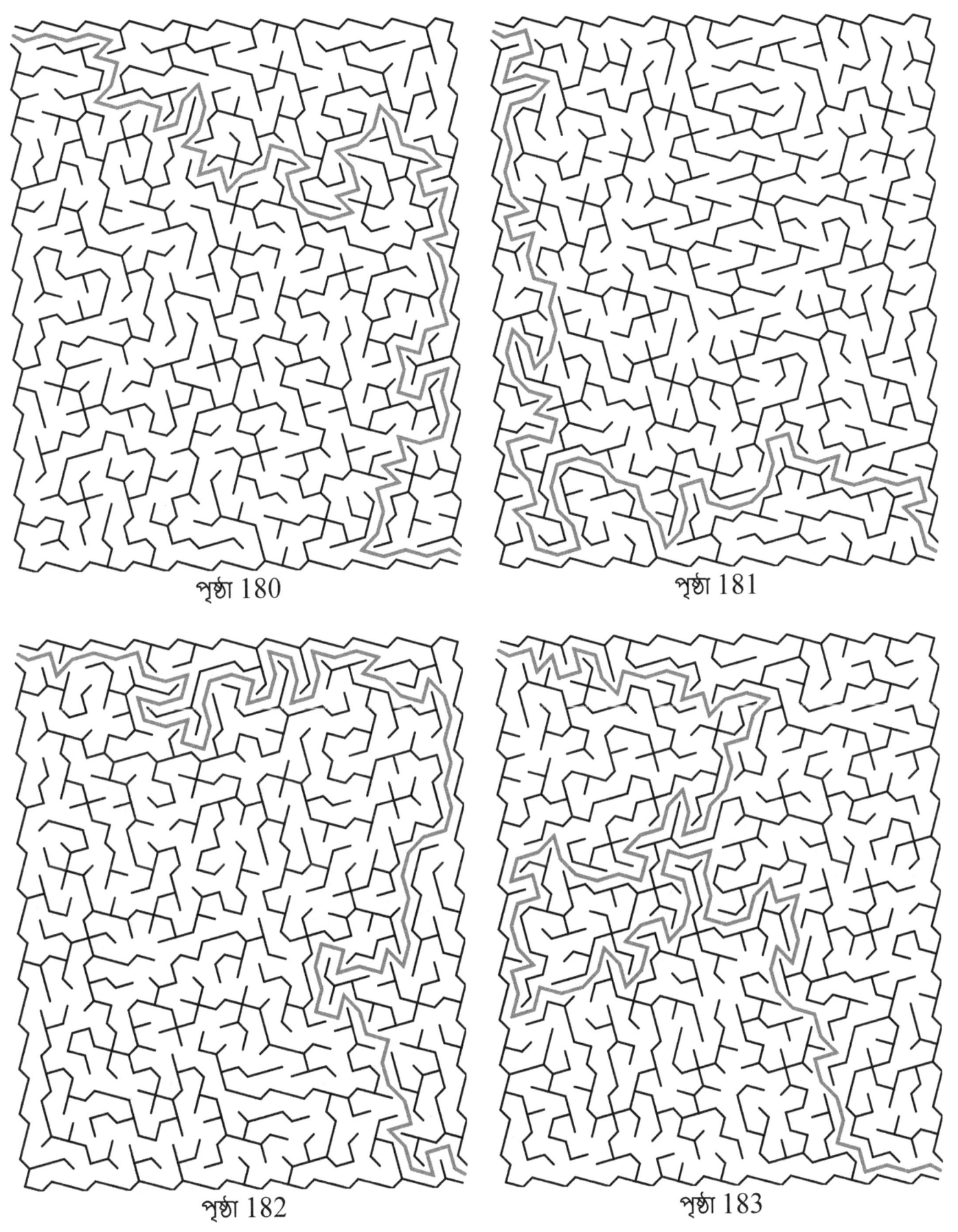

পৃষ্ঠা 184

পৃষ্ঠা 185

পৃষ্ঠা 186

পৃষ্ঠা 187

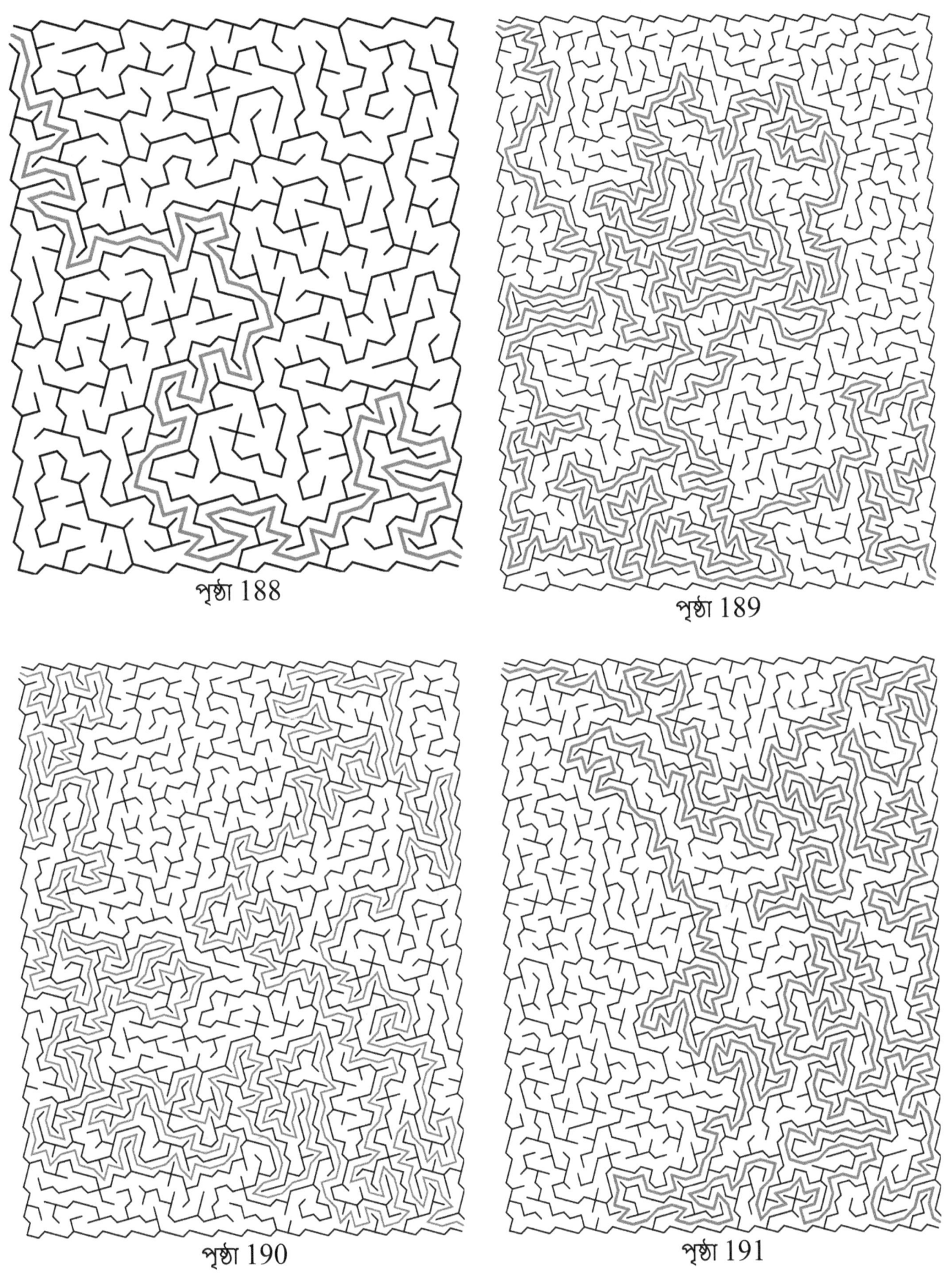

পৃষ্ঠা 188
পৃষ্ঠা 189
পৃষ্ঠা 190
পৃষ্ঠা 191

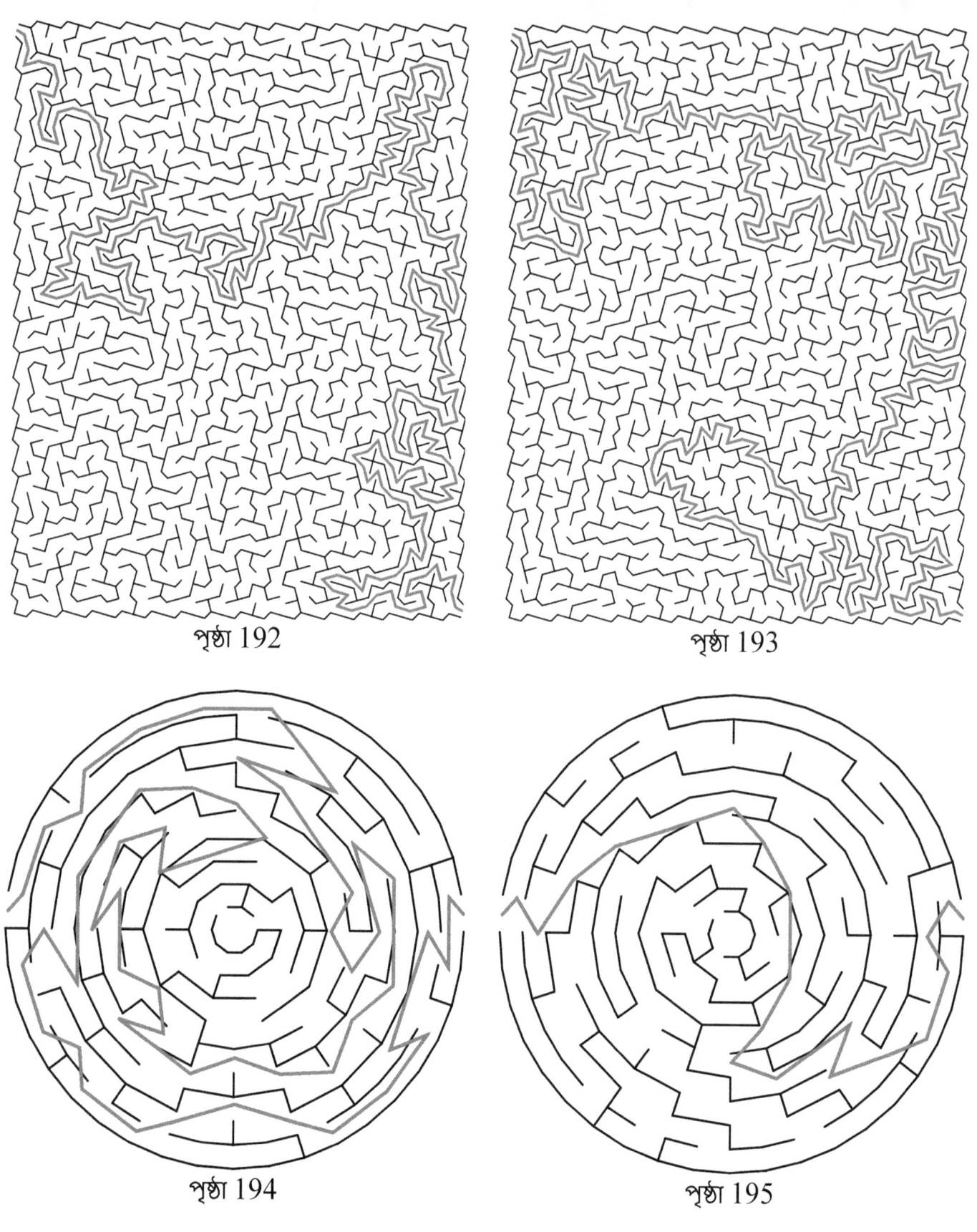

পৃষ্ঠা 192

পৃষ্ঠা 193

পৃষ্ঠা 194

পৃষ্ঠা 195

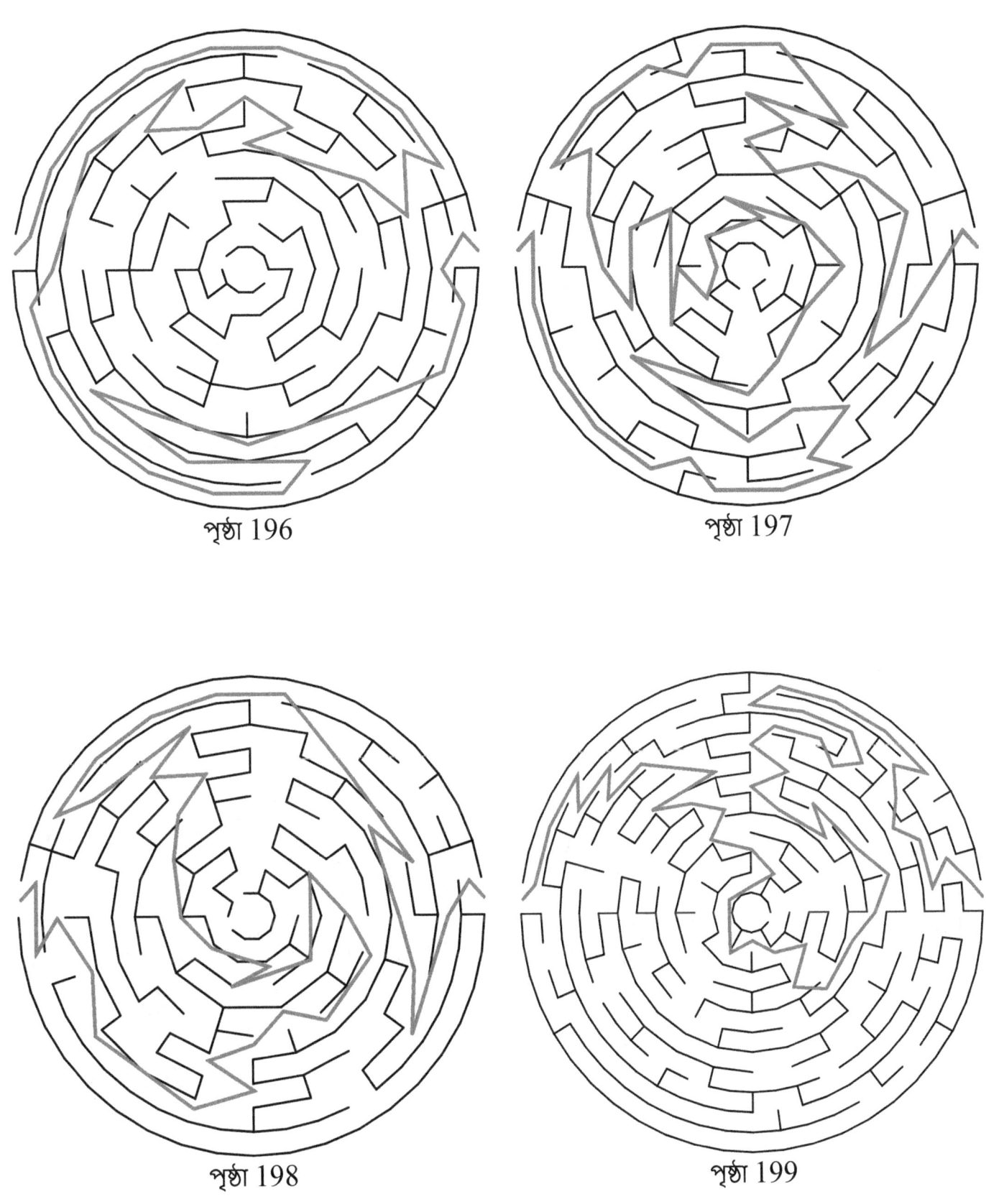

পৃষ্ঠা 196

পৃষ্ঠা 197

পৃষ্ঠা 198

পৃষ্ঠা 199

পৃষ্ঠা 200

পৃষ্ঠা 201

পৃষ্ঠা 202

পৃষ্ঠা 203

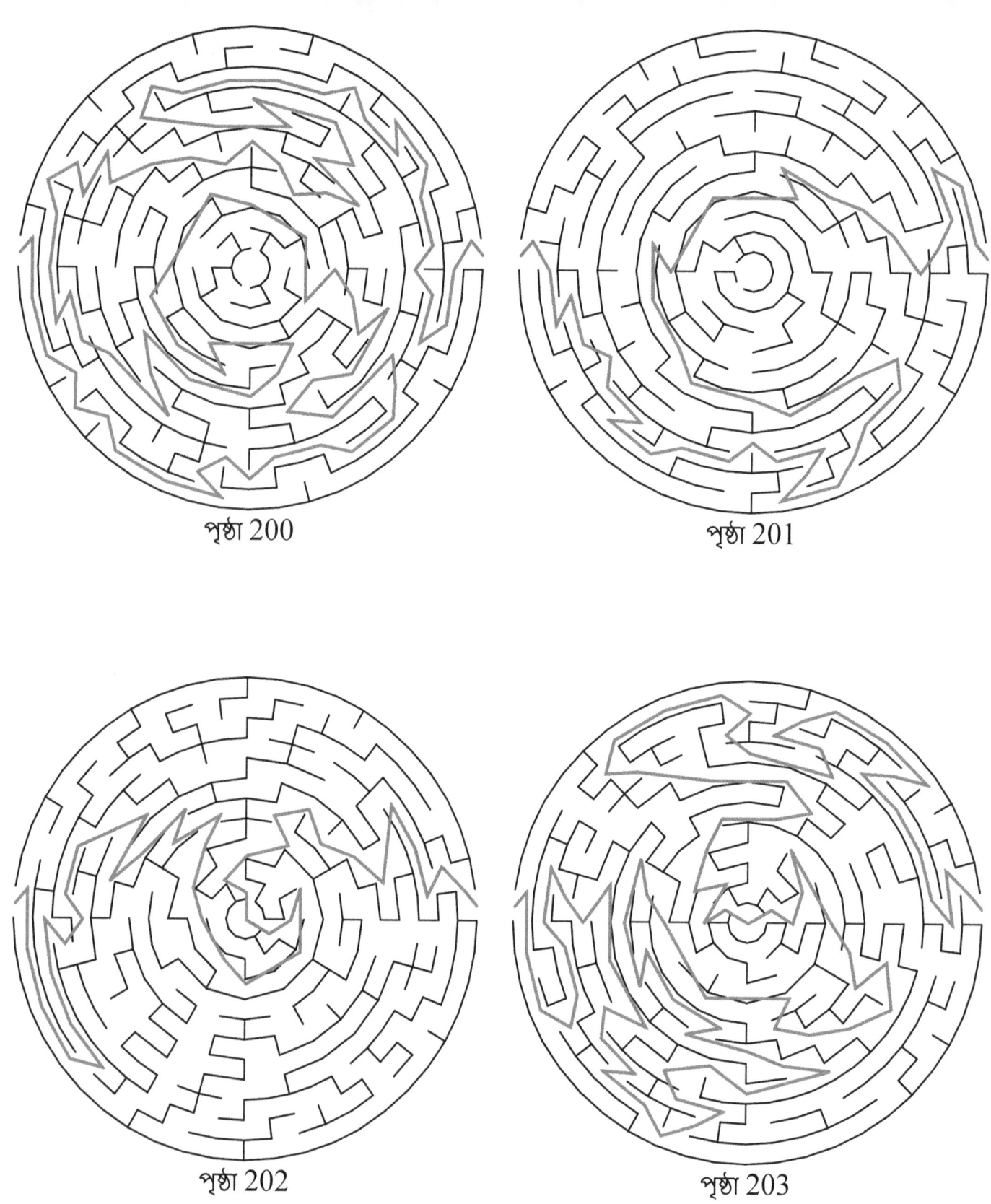

পৃষ্ঠা 204

পৃষ্ঠা 205

পৃষ্ঠা 206

পৃষ্ঠা 207

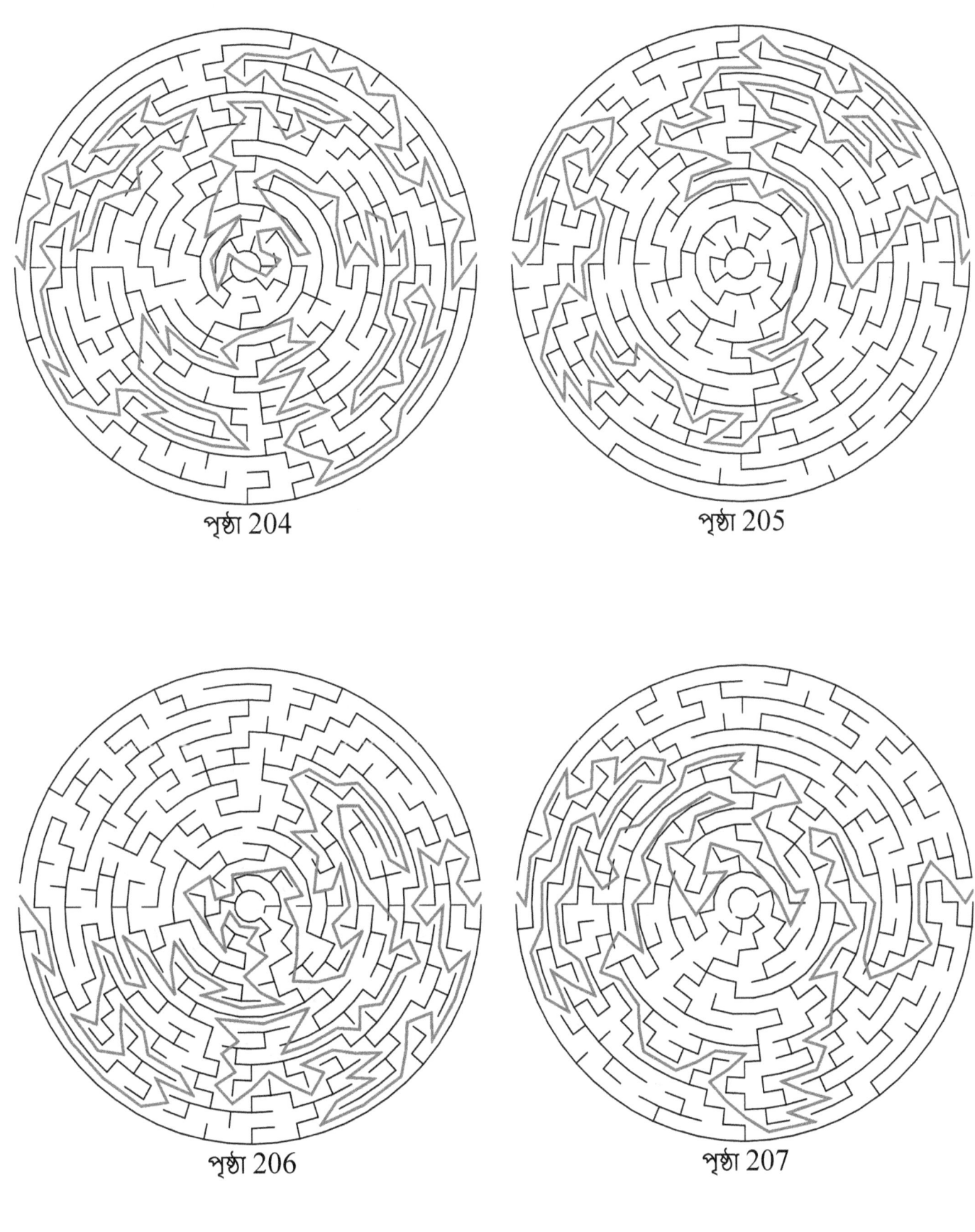

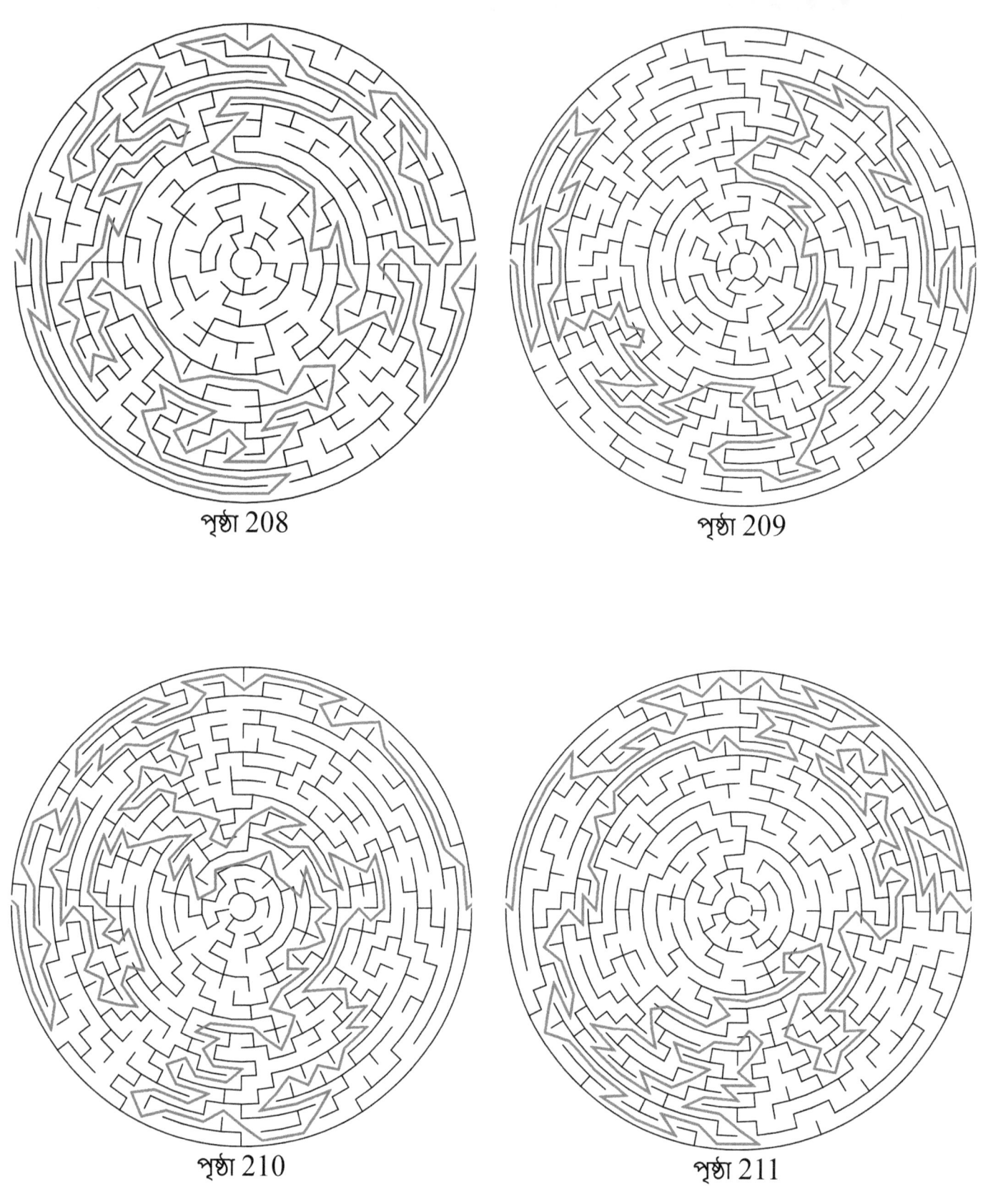

পৃষ্ঠা 208

পৃষ্ঠা 209

পৃষ্ঠা 210

পৃষ্ঠা 211

পৃষ্ঠা 212

পৃষ্ঠা 213

পৃষ্ঠা 214

পৃষ্ঠা 215

পৃষ্ঠা 216 পৃষ্ঠা 217
পৃষ্ঠা 218 পৃষ্ঠা 219

পৃষ্ঠা 220

পৃষ্ঠা 221

পৃষ্ঠা 222

পৃষ্ঠা 223

পৃষ্ঠা 224

পৃষ্ঠা 225

পৃষ্ঠা 226

পৃষ্ঠা 227

পৃষ্ঠা 228

পৃষ্ঠা 229

পৃষ্ঠা 230

পৃষ্ঠা 231

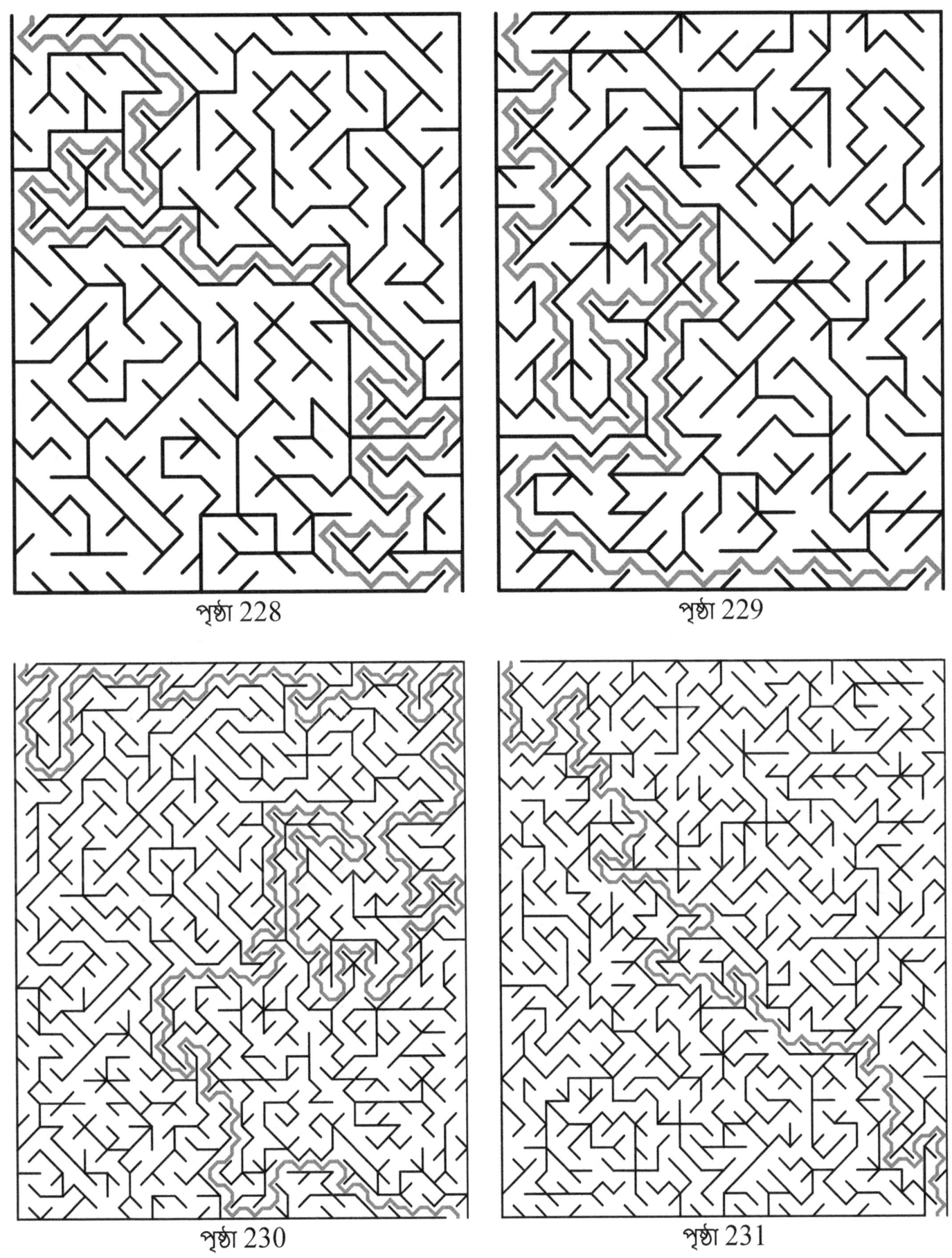

পৃষ্ঠা 232

পৃষ্ঠা 233

পৃষ্ঠা 234

পৃষ্ঠা 235

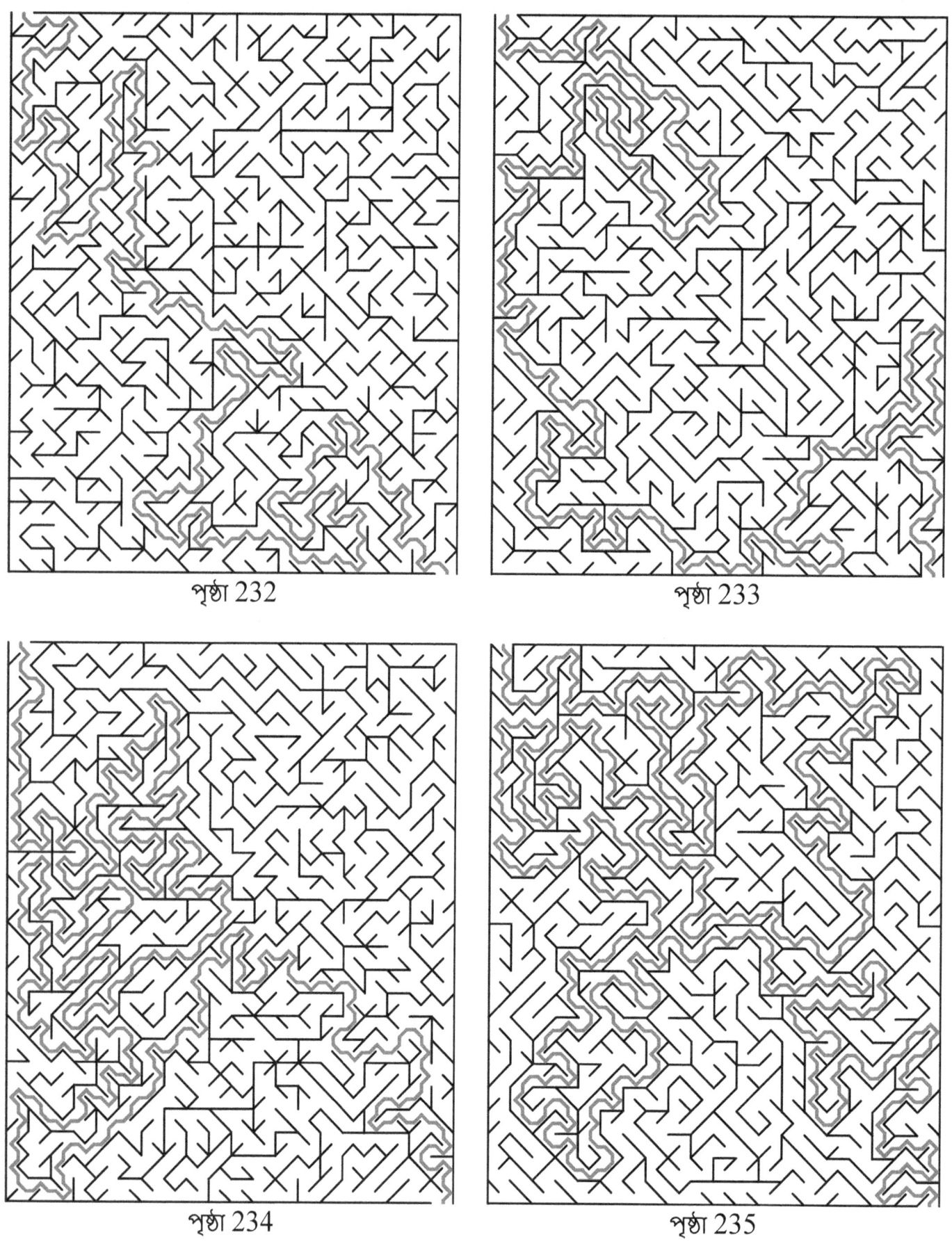

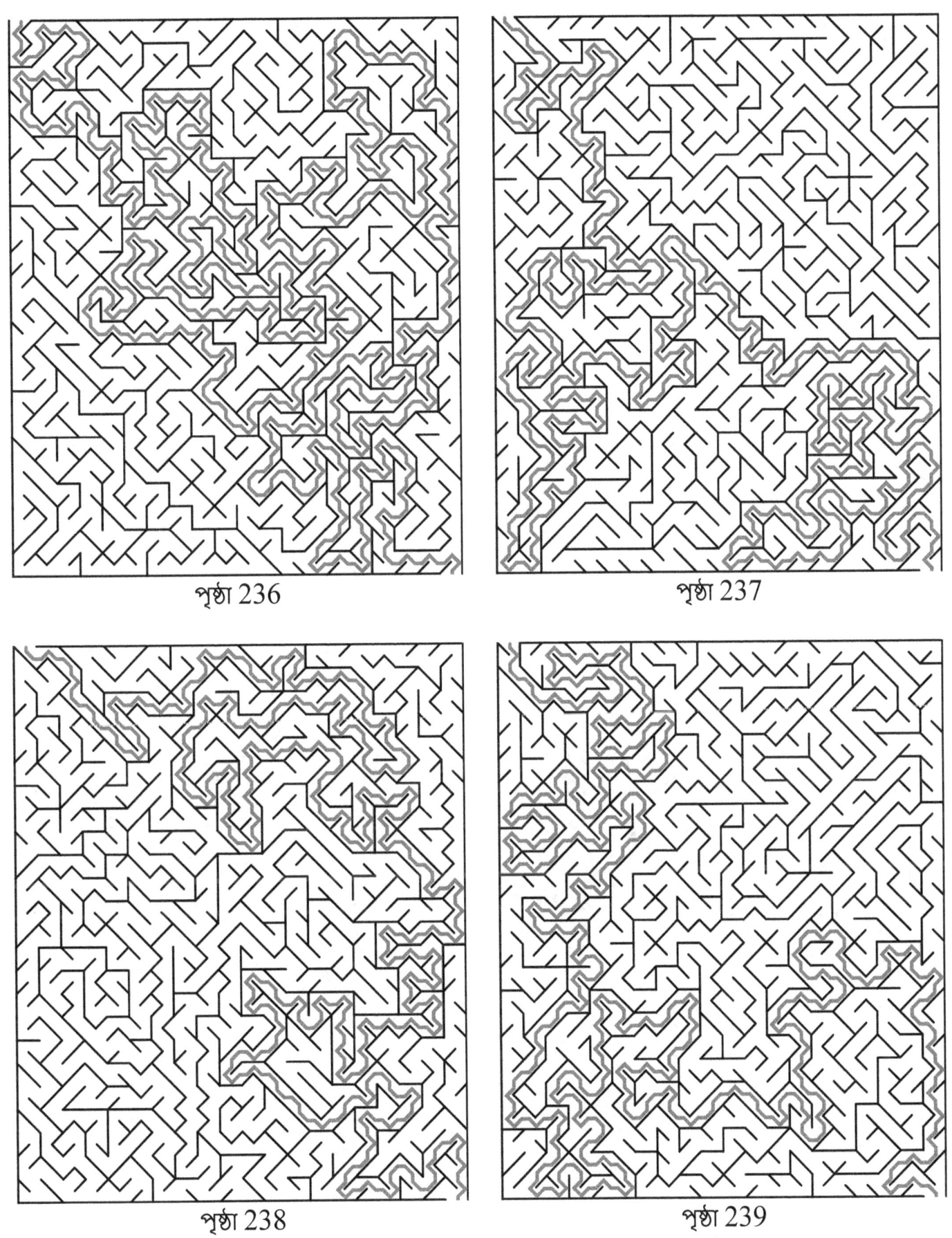

পৃষ্ঠা 236   পৃষ্ঠা 237

পৃষ্ঠা 238   পৃষ্ঠা 239

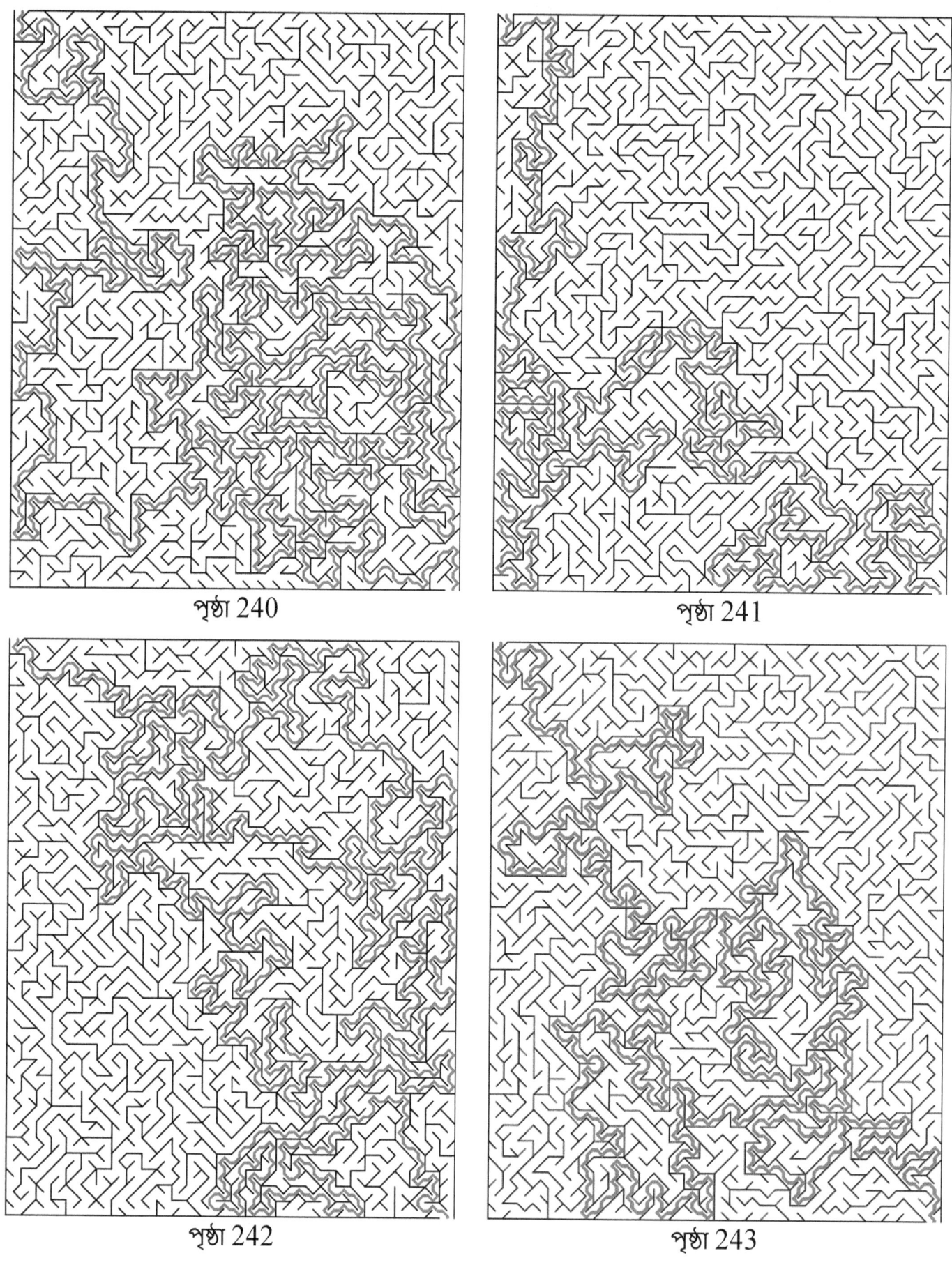

পৃষ্ঠা 240

পৃষ্ঠা 241

পৃষ্ঠা 242

পৃষ্ঠা 243

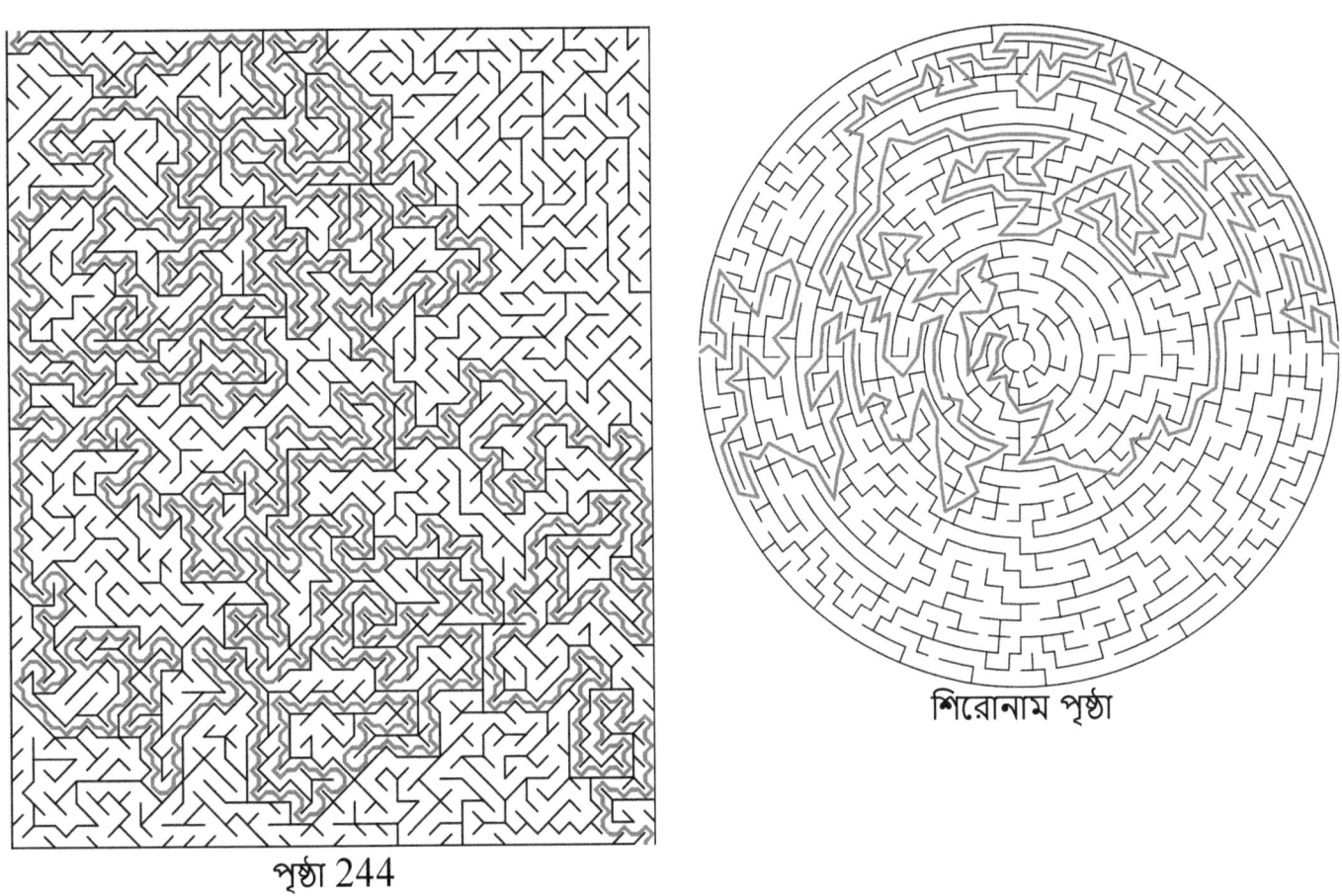

পৃষ্ঠা 244

শিরোনাম পৃষ্ঠা

www.ingramcontent.com/pod-product-compliance
Lightning Source LLC
Chambersburg PA
CBHW081440070526
44586CB00019B/2184
* 9 7 8 1 6 3 2 7 0 6 3 0 0 *